すみっコぐらし小学1年の こくご さんすう 総復習ドリル

こくご もくじ

この ドリルの つかいかた

● こくごと さんすうの それぞれ ①から じゅんばんに やりましょう。

● おわったら おうちの かたに こたえあわせを してもらい、てんすうを つけてもらいましょう。

● こたえは、34～47ページにあります。

● まちがえた もんだいは、どこを まちがえたのかを かくにんして、もう一《いち》ど やりましょう。

しろくま

北《きた》からにげてきた、さむがりで ひとみしりのくま。あったかい お茶《ちゃ》をすみっこで のんでいる ときがおちつく。

ぺんぎん？

じぶんはぺんぎん？ じしんがない。昔《むかし》はあたまにお皿《さら》が あったような…。

とんかつ

とんかつのはじっこ。おにく1%《パーセント》、しぼう99%《パーセント》。あぶらっぽいから のこされちゃった…。

ねこ

はずかしがりやのねこ。気《き》が弱《よわ》く、よくすみっこを ゆずってしまう。

とかげ

じつは、きょうりゅうの 生《い》き残《のこ》り。つかまっちゃうので とかげのふりをしている。

こくご 1

ひらがな

1 えの ことばに なるように ひらがなを かきましょう。

ひとつ5てん（25てん）

① や
② ね
③ ふ
④ み
⑤ お　　　り

2 ○で かこんだ 字《じ》に ゛や ゜を つけて ことばを 正《ただ》しく かきましょう。

ひとつ5てん（25てん）

① す(す)め
② りん(こ)
③ お(は)け
④ も(く)ら
⑤ た(ひ)おか

月《がつ》　日《にち》

てん

3

文《ぶん》しょうを よんで、——の ［や］［ゆ］［よ］の つく ことばを 正《ただ》しく □に かきましょう。

ひとつ10てん(30てん)

① しろくまが おちやを のむ。

② ぺんぎん?は きゆうりが すき。

③ とかげは きようりゆうの 生《い》きのこり。

4

［つ］［と］［っ］に 気《き》を つけて えに あう ことばを □に ひらがなで かきましょう。

ひとつ5てん(20てん)

① 

が

② 

き

③ 

え

④ 

ら

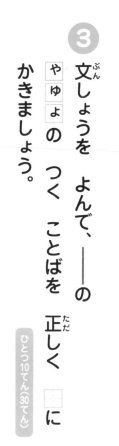

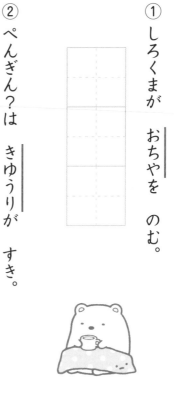

こくご 2 カタカナ

1 えの ことばに なるように □に カタカナを かきましょう。

ひとつ5てん(25てん)

①  ト

②  ク

③  メ

④  マ

⑤  オ

2 えに あう ことばを えらび 正《ただ》しい ほうの （ ）に ○を かきましょう。

ひとつ7てん(28てん)

① 
（ ）ランドセル
（ ）ラソドセル

② 
（ ）バケシ
（ ）バケツ

③ 
（ ）インユ
（ ）インコ

④ 
（ ）ポスト
（ ）ポヌト

月《がつ》 日《にち》

てん

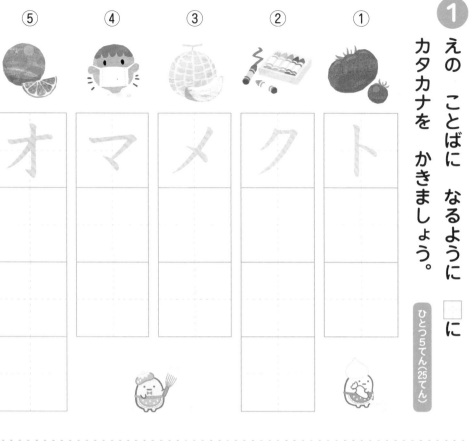

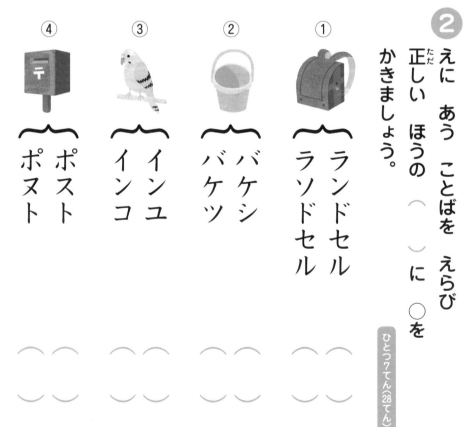

3

文《ぶん》しょうを よんで、——の ャュョの つく ことばを □に 正《ただ》しく かきましょう。

ひとつ9てん(27てん)

① パンに ジヤムを ぬる。

② つめたい ジユースを のむ。

③ チヨコレートを たべる。

4

ツとッに 気《き》を つけて えに あう ことばを □に カタカナで かきましょう。

ひとつ5てん(20てん)

①

ロ

②

ナ

③

キ

④

コ

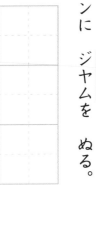

ひらがな・カタカナの のばす 音《おん》

1 えに あう ことばを えらび 正《ただ》しい ほうの （　）に ○を かきましょう。

ひとつ5てん(20てん)

① 
（　）たいよお
（　）たいよう

② 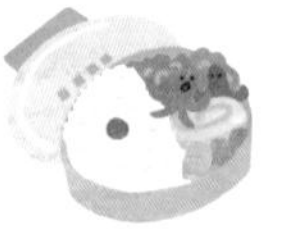
（　）おべんとお
（　）おべんとう

③ 
（　）ひこうき
（　）ひこおき

④ 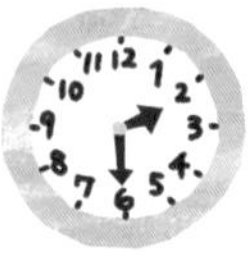
（　）とけえ
（　）とけい

2 えに あう ことばを ひらがなで かきましょう。

ひとつ5てん(20てん)

① 
お□かみ

② 
かきご□り

③ 
おね□さん

④ 
びょ□いん

月《がつ》　日《にち》

てん

3

えに　あう　ことばを　えらび　正《ただ》しい　ほうの　（　）に　○を　かきましょう。

ひとつ5てん（20てん）

① 
（　）ノート
（　）ノオト

② 
（　）ケエキ
（　）ケーキ

③ 
（　）チーズ
（　）チイズ

④ 
（　）ソウダ
（　）ソーダ

4

えに　あう　ことばを　カタカナで　かきましょう。

ひとつ10てん（40てん）

① 
ド

② 
コ

③ 
クロ

④ 
ピ

文《ぶん》づくり①

1 □に 入《はい》る 文字《もじ》を から えらんで かきましょう。

ひとつ5てん（20てん）

① すみっこ □（わ・は） おちつく。

② おばけ □（わ・は） こ □（わ・は） い。

③ 本 □（お・を） よむ。

④ □（お・を） にぎり □（お・を） たべる。

2 □に に と を の どちらかを 入《い》れて 文《ぶん》しょうを かんせいさせましょう。

ひとつ5てん（20てん）

① いす □ すわる。

② ぎゅうにゅう □ のむ。

③ おふろ □ 入《はい》る。

④ からだ □ あらう。

月　日

てん

3 □に 入《はい》る 文字《もじ》を から えらんで 文《ぶん》しょうを かんせいさせましょう。

※どの 文字《もじ》も 一《いち》どしか つかえません。

ひとつ6てん(36てん)

① わたし □ 名《な》まえ。

② おかし □ たべる。

③ こうえん □ あそぶ。

④ ともだち □ 出《で》かける。

⑤ でん車《しゃ》 □ のる。

⑥ バス □ くる。

を　で　が　と　に　の

4 まちがって いる 字《じ》に ×を つけて、 よこに 正《ただ》しい 字《じ》を かきましょう。

ひとつ6てん(24てん)

〈やりかた〉

しろくま ~~わ~~ は おちゃ ~~お~~ を のむ

① をりがみお おる。

② きょうわ 天気《てんき》が よい。

③ とかげの いええ いく。

④ ねこわ すみっこえ いく。

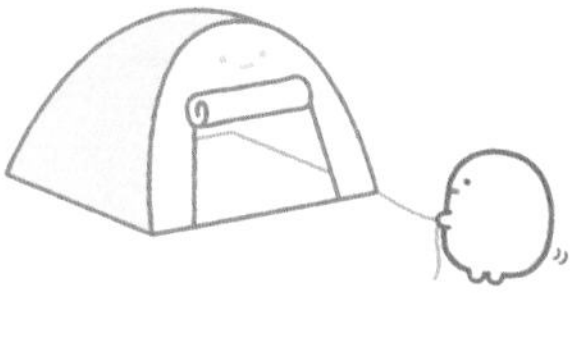

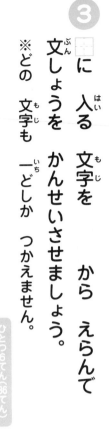

。《まる》、《てん》「」《かぎ》の つかいかた

1

つぎの 文《ぶん》しょうの □に 、《てん》と 。《まる》を 1つずつ かきましょう。

ひとつ10てん（30てん）

① ねこが □ すみっこに います □

② ぺんぎん?は □ きゅうりが すきです □

③ とんかつと えびふらいのしっぽは □ いっしょに 出《で》かけました □

2

つぎの 文《ぶん》しょうに 。《まる》を 2つ かきましょう。

ひとつ10てん（30てん）

① ぺんぎん?は 本《ほん》やさんに いきました 本《ほん》を 三《さん》さつ かいました

② しろくまが すみっこに すわって います そこに とかげが きました

③ とかげは みずうみに いきました みずうみで たくさん およぎました

月《がつ》 日《にち》

てん

3 つぎの 文《ぶん》しょうを よんで、だれかが はなした ことばに 「」《かぎ》を つけましょう。

ひとつ10てん(30てん)

①

おにいさんは、
おはよう。
と、大《おお》きな こえで いいました。

②

おねえさんは、
こんにちは。
と、あいさつ しました。

③

先生《せんせい》が、
わすれものを しないように。
と、ちゅうい しました。

4 つぎの 文《ぶん》しょうに 、《てん》と 。《まる》と 「」《かぎ》を 1つずつ かきましょう。

ひとつ5てん(10てん)

①

おとうさんは
こうえんに いこう。
と、いいました

②

おかあさんは
きゅうりを かって くる。
と、かいものに いきました

こくご 6

ことば①

1 つぎの ものを まとめた 名《な》まえを から えらんで （　）に かきましょう。

ひとつ4てん（20てん）

① きりん・ぞう・しろくま・うさぎ （　　）

② でん車《しゃ》・ふね・ひこうき・バス （　　）

③ にんじん・ピーマン・トマト・だいこん （　　）

④ ピアノ・たいこ・ふえ・タンバリン （　　）

⑤ スカート・ズボン・シャツ・ワンピース （　　）

ようふく・どうぶつ・やさい・のりもの・がっき

2 （　）に あう ことばを から えらんで かきましょう。

ひとつ4てん（20てん）

① ジュースを （　　） のむ。

② さかなが （　　） およぐ。

③ カエルが （　　） はねる。

④ 小石《こいし》が （　　） ころがる。

⑤ ほしが （　　） ひかる。

ぴょんぴょん・ごくごく・きらきら・すいすい・ころころ

月　日

てん

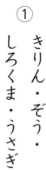

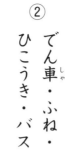

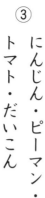

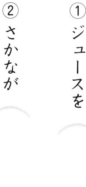

3 はんたいの　いみの　ことばを（　　）に　かきましょう。

ひとつ3てん（30てん）

① あかるい →（　　）
② たかい →（　　）
③ ながい →（　　）
④ ふるい →（　　）
⑤ はやい →（　　）
⑥ まえ →（　　）
⑦ かるい →（　　）
⑧ とおい →（　　）
⑨ よわい →（　　）
⑩ 子《こ》ども →（　　）

4 上《うえ》の　ことばに　あう　うごきの　ことばを　せんで　むすびましょう。

ひとつ3てん（30てん）

① ごはんを・　　・かく
② でん車《しゃ》に・　　・いく
③ ベッドで・　　・たべる
④ えを・　　・のむ
⑤ 花《はな》が・　　・さく
⑥ ふえを・　　・のる
⑦ おちゃを・　　・すわる
⑧ いすに・　　・ふく
⑨ 雨《あめ》が・　　・ねる
⑩ 学校《がっこう》に・　　・ふる

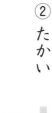

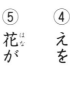

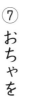

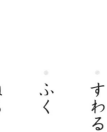

ことば②

月 日

てん

1 えに あう ようすの ことばを から えらんで に かきましょう。

ひとつ5てん(20てん)

① 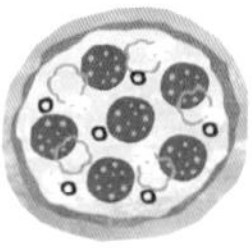

ピザ

まるい・しかくい

② 

ランドセル

赤《あか》い・青《あお》い

③ 

ビル

たかい・ひくい

④ 

えんぴつ

ながい・みじかい

2 上《うえ》の ようすを あらわす ことばに あう ことばを せんで むすびましょう。

ひとつ10てん(50てん)

① つめたい・　　・車《くるま》

② うすい・　　・山《やま》

③ ひくい・　　・水《みず》

④ ほそい・　　・ノート

⑤ はやい・　　・ぼう

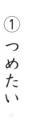

3 あとに つづく 正《ただ》しい 文《ぶん》を えらんで、（ ）に ○を かきましょう。

ひとつ5てん（15てん）

① きょうは よい 天気《てんき》です。

（ ）だから、そとで あそびます。

（ ）しかし、そとで あそびます。

② 校《こう》ていで あそぶ ことに しました。

（ ）つまり、雨《あめ》が ふって きました。

（ ）しかし、雨《あめ》が ふって きました。

③ ちこくを して しまいました。

（ ）なぜなら、ねぼう したからです。

（ ）でも、ねぼう したからです。

4 文《ぶん》しょうが つながるように ［ ］から ことばを えらんで （ ）に かきましょう。

ひとつ5てん（15てん）

① いっしょうけんめいに べんきょうした（ ）、まんてんを とりました。

［ のみ ・ ので ・ が ］

② うんどうを しました。（ ）、たくさん あせを かきました。

［ だから ・ しかし ・ でも ］

③ ピーマンは にがてです。（ ）、がんばって たべます。

［ なぜなら ・ または ・ でも ］

こくご 8

かんじ①

1 ——の かんじの よみがなを （　）に かきましょう。

ひとつ5てん(50てん)

① 一年生の きょうしつ。

② はこの 中に 入れる。

③ 糸が 九本。

④ ひる休みの じかん。

⑤ 千円の おもちゃ。

⑥ 手の力が ぬける。

⑦ 名まえを かん字で かく。

⑧ 夕やけの 空。

⑨ 百まいの カード。

⑩ 女子の チーム。

月《がつ》　日《にち》

てん

❷ かずが じゅんばんに つながるように、すうじを かんじで かきましょう。

ひとつ6てん(36てん)

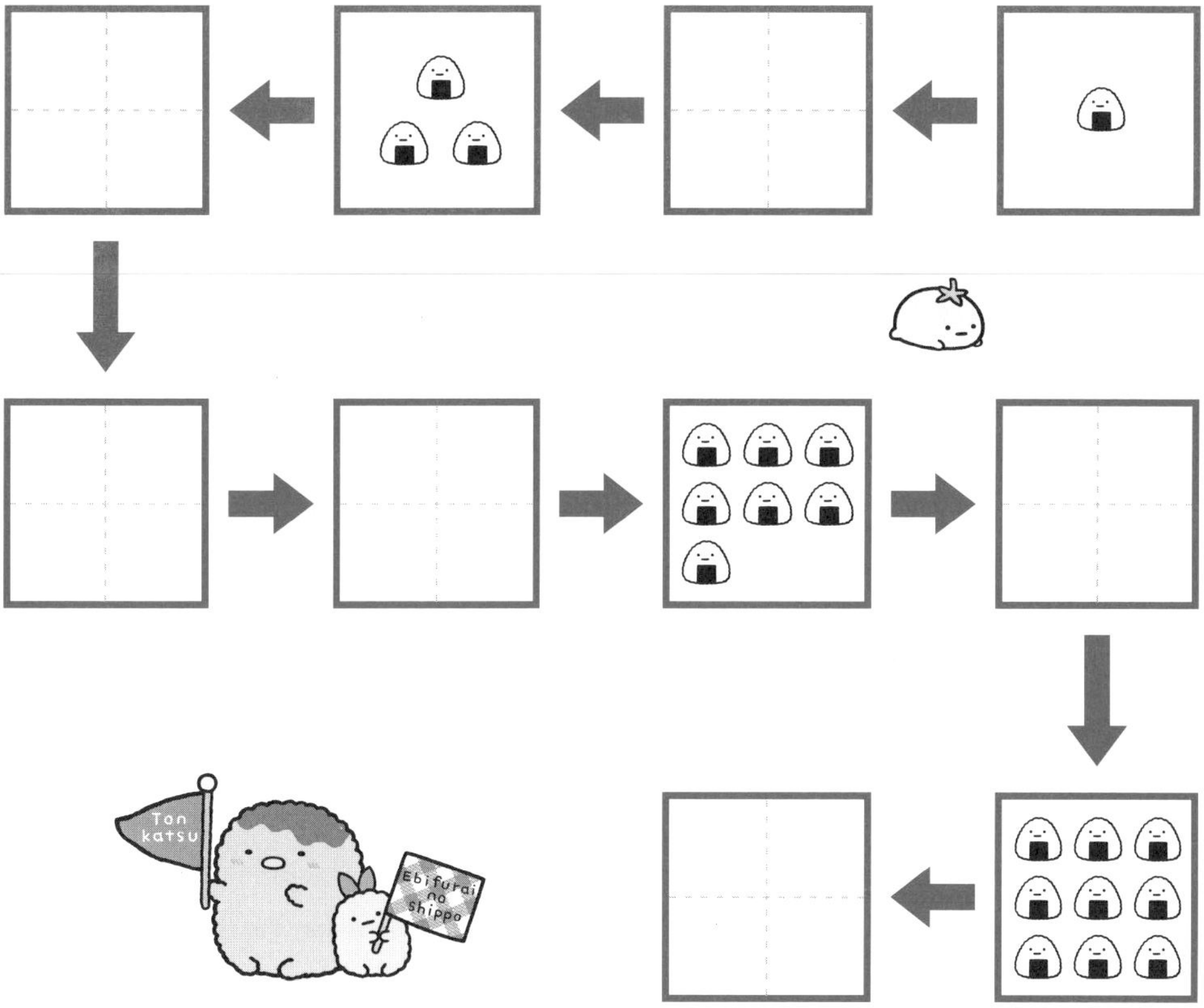

❸ □に あてはまる よう日《び》の かんじを かきましょう。

ひとつ2てん(14てん)

① □《げつ》よう日《び》。

② □《か》よう日《び》。

③ □《すい》よう日《び》。

④ □《もく》よう日《び》。

⑤ □《きん》よう日《び》。

⑥ □《ど》よう日《び》。

⑦ □《にち》よう日《び》。

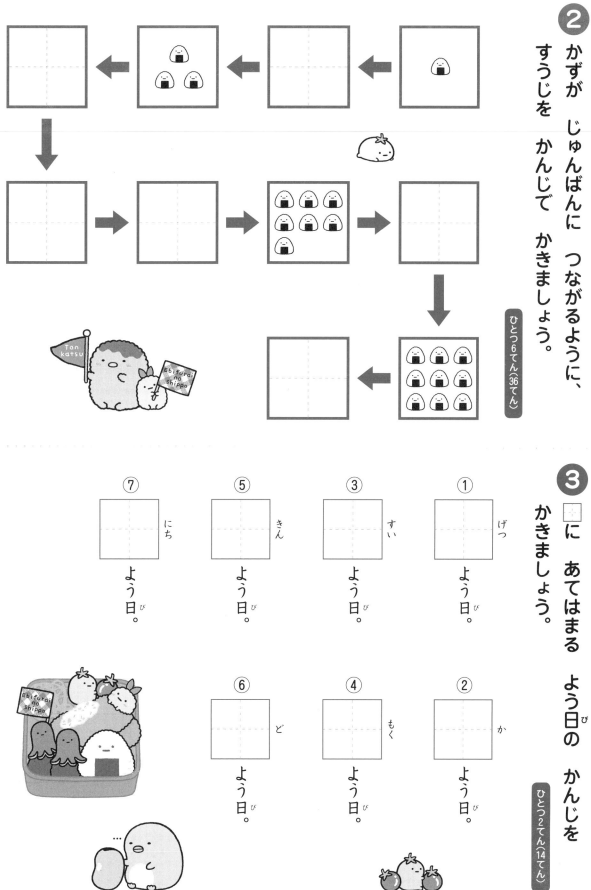

文《ぶん》づくり②

月《がつ》　日《にち》

てん

1

つぎの 文《ぶん》しょうの なにが（だれが） の ぶぶんに せんを ひきましょう。

ひとつ5てん（20てん）

〈やりかた〉

ジュースが こぼれました。

① 雨《あめ》が ふりました。

② 花《はな》が さいています。

③ しろくまが おきました。

④ 先生《せんせい》が はなします。

2

□に あてはまる ことばを ○から えらんで 文《ぶん》しょうを かんせいさせましょう。

ひとつ5てん（20てん）

① ごはんを □。

② からだを □。

③ 本《ほん》を □。

④ せんたくものを □。

よんだ・あらった・ほした・たべた

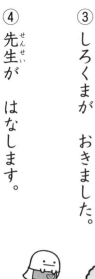

3 えを 見《み》て □に あてはまる ことばを □から えらんで 文《ぶん》しょうを かんせいさせましょう。

ひとつ10てん(30てん)

① しろくま

□が ふとんで □。

② とんかつ

□が かさを □。

③ ねこ

ねこが □を □。

さしている●おにぎり●とんかつ
たべている●しろくま●ねている

4 文《ぶん》しょうを よんで こたえましょう。

ひとつ10てん(30てん)

ねこと とかげは パンやで
パンを やきました。
パンは おいしそうに やけました。

① だれが パンを やきましたか。

□と □が
やきました。

② どこで パンを やきましたか。

□で やきました。

③ パンは どんなふうに やけましたか。

□に やけました。

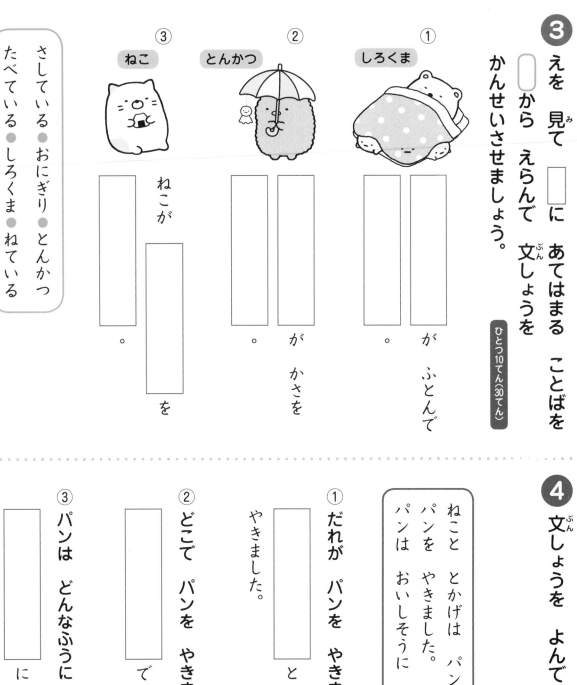

かんじ②

月《がつ》　日《にち》

てん

1 ――の かん字《じ》の よみがなを （　）に かきましょう。

ひとつ5てん（50てん）

① 山が 見える。

② 文しょうを よむ。

③ 早く おきる。

④ 森で 虫を さがす。

⑤ 川に すむ さかな。

⑥ 村や 町の おまつり。

⑦ しせいを 正す。

⑧ 白い 貝がら。

⑨ 音がくを きく。

⑩ 日本の 人口。

２ □に あてはまる かん字《じ》を かきましょう。

ひとつ5てん(50てん)

① □《がっ》□《こう》に いく。

② たんにんの □《せん》□《せい》。

③ □《てん》□《き》よほう。

④ □《おお》□《あめ》が ふる。

⑤ □《くさ》□《ばな》を そだてる。

⑥ お□《とし》□《だま》を もらう。

⑦ □《いぬ》が □《なな》ひき。

⑧ □《こ》□《いし》を ひろう。

⑨ □《あか》い □《くるま》。

⑩ くつが □《さん》□《ぞく》。

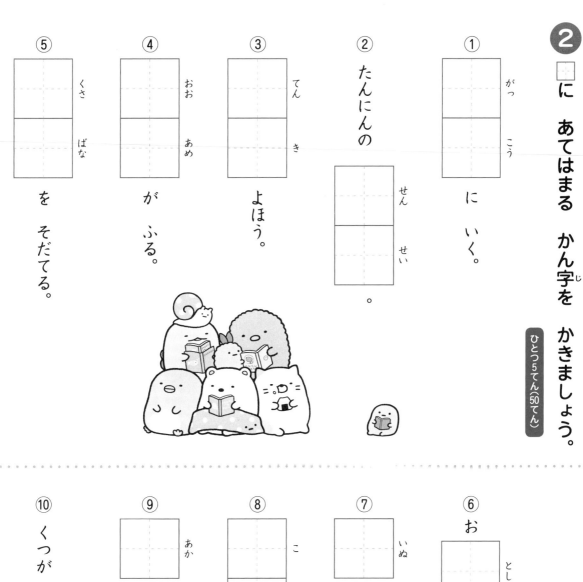

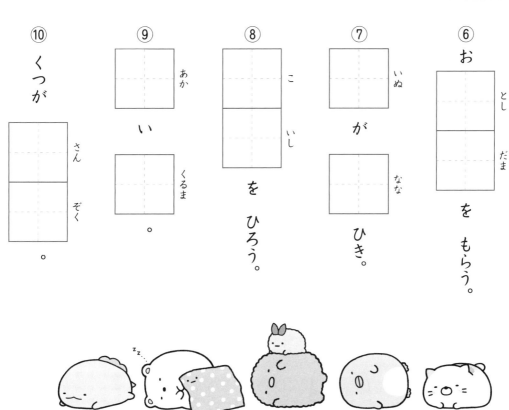

こくご 11

文《ぶん》しょうの よみとり

月《がつ》　日《にち》

てん

1 つぎの 文《ぶん》しょうは なにに ついて かかれて いますか。□から えらんで ○で かこみましょう。

ひとつ15てん(30てん)

①
スイカは まるくて
大《おお》きいです。
リンゴより 大《おお》きいです。

バナナ ● スイカ ● リンゴ

②
ぺんぎん?は やさいの なかで
キュウリが いちばん すきです。
キュウリは みどりいろで
ほそながい やさいです。

トマト ● キュウリ ● やさい

2 つぎの 文《ぶん》しょうを よんで こたえましょう。 それぞれ どんな 気《き》もちかを えらんで （　）に ○を かきましょう。

ひとつ15てん(30てん)

①
とんかつと えびふらいのしっぽは
あそびに いく ことに しました。
とても わくわく して います。

（　）がっかり している
（　）たのしみに している
（　）かなしんでいる

②
ねこは みんなに はなし かけられた ので
どきどき して かくれ ました。

（　）うれしい
（　）さみしい
（　）はずかしい

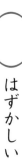

3 つぎの 文《ぶん》しょうは なにに ついて かかれて いますか。あてはまる ものを えらんで（　）に ○を かきましょう。

ひとつ15てん(30てん)

①

しろくまの すきな ものは おちゃです。とくに あたたかい おちゃが 大《だい》すきです。

（　）おちゃに ついて

（　）しろくまの すきな ものに ついて

（　）あたたかい おちゃに ついて

②

へやの すみっこは とても おちつきます。しろくまや ねこも そこで ゆっくりと やすみます。

（　）しろくまや ねこの すきな ばしょに ついて

（　）しろくまや ねこに ついて

（　）へやの すみっこに ついて

4 えを 見《み》て まん中《なか》の ? で なにが おきたかを かんがえましょう。あてはまる ものを えらんで（　）に ○を かきましょう。

10てん

（　）ぺんぎん？が 川《かわ》に ながされて しまった。

（　）ぺんぎん？が ひやして いた やさいが 川《かわ》に ながされて しまった。

（　）ぺんぎん？が ひやして いた やさいが かわうそに とられて しまった。

（　）かわうそが ひやして いた やさいが 川《かわ》に ながされて しまった。

かんじ③

1 ——の かん字《じ》の よみがなを （　）に かきましょう。

ひとつ5てん(45てん)

① 大人りょう金。（　）（　）

② りょうりが 上手。（　）

③ 七夕まつり。（　）

④ 四月 一日。（　）（　）

⑤ 九月 二十日。（　）（　）

⑥ 一人で あそぶ。（　）

⑦ 二人の チーム。（　）

⑧ 十一月 二日。（　）（　）

⑨ えが 下手。（　）

月《がつ》　日《にち》

てん

② くみに なる かん字《じ》を かきましょう。

ひとつ5てん(25てん)

① □《おお》きい ⇔ □《ちい》さい

② □《あ》がる ⇔ □《さ》がる

③ □《はい》る ⇔ □《で》る

④ □《みぎ》がわ ⇔ □《ひだり》がわ

⑤ □《おとこ》の子《こ》 ⇔ □《おんな》の子《こ》

③ つぎの かん字《じ》の 赤《あか》い ぶぶんは、かきじゅんの なんばん目《め》に かきますか。（　）に すう字《じ》を かきましょう。

ひとつ3てん(30てん)

① 林（　）

② 王（　）

③ 田（　）

④ 青（　）

⑤ 九（　）

⑥ 目（　）

⑦ 水（　）

⑧ 立（　）

⑨ 竹（　）

⑩ 耳（　）

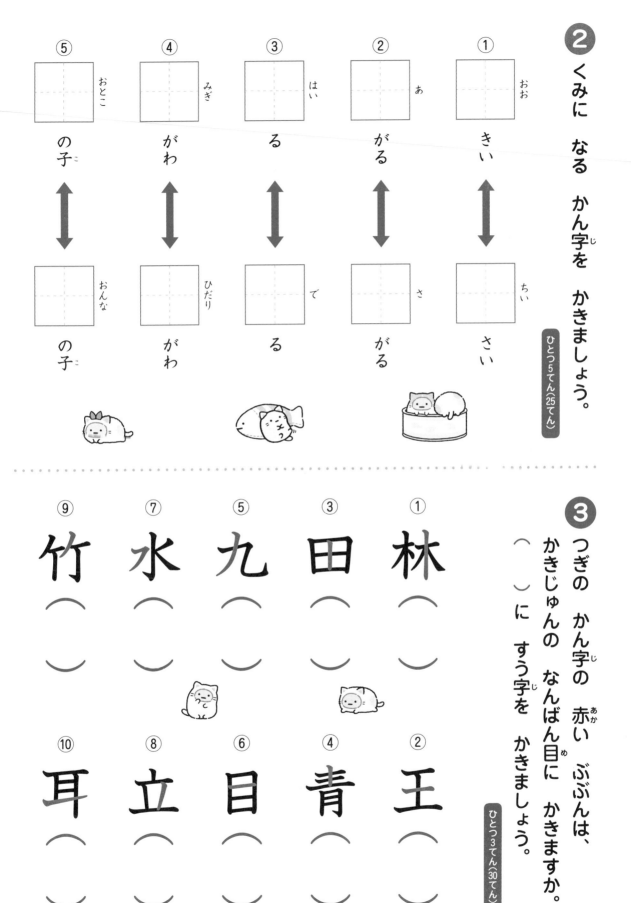

こくご
13

よみとり もんだい①
おおきな かぶ

★文《ぶん》しょうを よんで、こたえましょう。

おじいさんが、かぶの
たねを まきました。
「あまい あまい
かぶに なれ。
おおきな おおきな
かぶに なれ。」
あまい、げんきの よい、
とてつもなく おおきい
かぶが できました。

1 おじいさんは、なにを まきましたか。 20てん

( )

2 おじいさんは、どんな 気《き》もちで たねを まきましたか。あてはまる ものに ２つ ○を つけましょう。 ひとつ10てん（20てん）

あ（ ）にがい かぶに なって ほしい。
い（ ）あまい かぶに なって ほしい。
う（ ）ちいさな かぶに なって ほしい。
え（ ）おおきな かぶに なって ほしい。
お（ ）かたい かぶに なって ほしい。

月《がつ》 日《にち》

てん

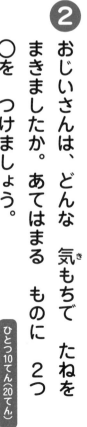

おじいさんは、
かぶを　ぬこうと　しました。
「うんとこしょ、どっこいしょ。」
ところが、かぶは　ぬけません。
おじいさんは、おばあさんを
よんで　きました。
おばあさんが　おじいさんを
ひっぱって、
おじいさんが　かぶを　ひっぱって、
「うんとこしょ、どっこいしょ。」
それでも、かぶは　ぬけません。

令和２年度版　東京書籍　あたらしい　こくご　一上84～94ページ
『おおきな　かぶ』うちだ　りさこ　やく

3 おじいさんが　かぶを　ぬこうと　すると、かぶは　ぬけましたか。あてはまる　ほうに　○を　かきましょう。 20てん

かぶは
（　）ぬけました。
（　）ぬけませんでした。

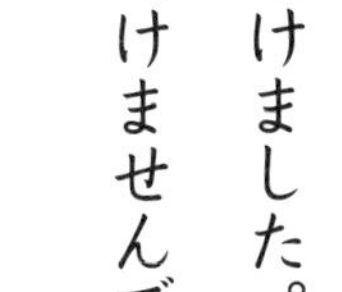

4 おじいさんは、だれを　よんで　きましたか。 20てん

5 ふたりは　なんと　いって、かぶを　ひっぱりましたか。 20てん

「　　　　　、
　　　　　。」

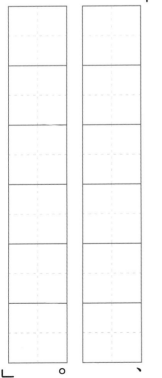

よみとり もんだい②
じどう車《しゃ》 くらべ

月《がつ》 日《にち》

てん

★文《ぶん》しょうを よんで、こたえましょう。

バスや じょうよう車《しゃ》は、人《ひと》を のせて はこぶ しごとを して います。

その ために、ざせきの ところが、ひろく つくって あります。そとの けしきが よく 見《み》えるように、大《おお》きな まどが たくさん あります。

トラックは、にもつを はこぶ しごとを して います。

その ために、うんてんせきの

1 どんな しごとを する じどう車《しゃ》 ですか。 ひとつ20てん(60てん)

① バスや じょうよう車《しゃ》

しごと

② トラック

しごと

③ クレーン車《しゃ》

しごと

ほかは、ひろい　にだいに　なって
います。
おもい　にもつを　のせる
トラックには、
タイヤが　たくさん　ついて　います。
　クレーン車《しゃ》は、おもい　ものを
つり上《あ》げる　しごとを　して　います。
その　ために、じょうぶな　うでが、
のびたり　うごいたり　するように、
つくって　あります。
車《しゃ》たいが　かたむかないように、
しっかりした　あしが、ついて
います。

令和２年度版　光村図書　こくご　ともだち　一下　28～31ページ
「じどう車くらべ」

2 トラックに　たくさん　タイヤが　ついて　いるのは　なんの　ためですか。あてはまる　もの　１つに　○を　つけましょう。

20てん

あ（　）はやく　はしれるように　する　ため。

い（　）おもい　にもつを　のせる　ため。

う（　）おもい　ものを　つり上《あ》げる　ため。

3 クレーン車《しゃ》に　しっかりした　あしが　ついて　いるのは　なんの　ためですか。あてはまる　もの　１つに　○を　つけましょう。

20てん

あ（　）たくさんの　人《ひと》が　のれるように　する　ため。

い（　）はやく　はしれるように　する　ため。

う（　）車《しゃ》たいが　かたむかないように　する　ため。

こくご 15

まとめの テスト① かんじ

1 ——の かんじの よみがなを（ ）に かきましょう。

ひとつ3てん（30てん）

① きれいな 空気。

② 四人で 出かける。

③ 木かげで 休けいする。

④ 森林を あるく。

⑤ 左右を 見る。

⑥ 手足を うごかす。

⑦ 林で こん虫を とる。

⑧ でん車に のる。

⑨ 花だんの 土。

⑩ 本を 七さつ よむ。

月《がつ》 日《にち》

てん

2 □に あてはまる かんじを かきましょう。

ひとつ5てん(25てん)

① となり□《まち》に ひっこす。

② □《あま》の □《がわ》。

③ □《い》きる □《ちから》。

④ うさぎの □《みみ》。

⑤ エレベーターが □□《じょうげ》する。

3 □に あてはまる かんじを えらんで ○を つけながら ゴールまで すすみましょう。

ひとつ5てん(45てん)

スタート

□《おん》がく　音／青

□《おう》さま　玉／王

□《ちから》もち　力／男

目／貝

□《かい》がら　火／水

□《すい》どう　早／草

ざっ□《そう》

□《ひゃく》円《えん》　白／百

□《な》まえ　名／石

文《も》□《じ》　学／字

ゴール

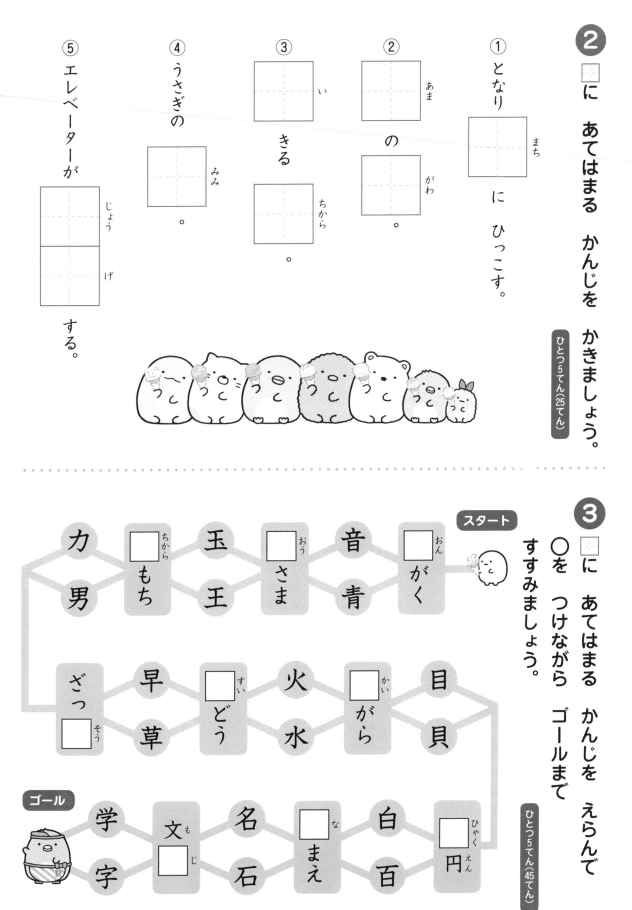

まとめの テスト②
おとうと ねずみ チロ

★文《ぶん》しょうを よんで、こたえましょう。

ある 日《ひ》、三《さん》びきの ねずみの きょうだいの ところへ、おばあちゃんから 手《て》がみが とどきました。
それには、こんな ことが かいて ありました。

あたらしい けいとで、おまえたちの チョッキを あんで います。けいとの いろは、赤《あか》と 青《あお》です。もう すぐ あみあがります。たのしみに まって いて ください。

さあ、三《さん》びきは 大《おお》よろこび。
「ぼくは、赤《あか》が いいな。」

1 だれから 手《て》がみが とどきましたか。 20てん

［　　　　］

2 手《て》がみには どんな ことが かいて ありましたか。あてはまる ものに 2つ ○を つけましょう。 ひとつ15てん（30てん）

あ（　）ねずみの きょうだいたちの ために セーターを あんで いる。
い（　）ねずみの きょうだいたちの ために チョッキを あんで いる。
う（　）けいとの いろは 赤《あか》と 青《あお》。
え（　）けいとの いろは きいろと みどり。

月《がつ》　日《にち》

てん

にいさんねずみが　いいました。
「わたしは　青《あお》が　すき。」
ねえさんねずみが　いいました。
「ぼくは、赤《あか》と　青《あお》。」
おとうとねずみが　いいました。
「チロのは　ないよ。」
にいさんねずみが　いいました。
チロと　いうのは、
おとうとねずみの　名《な》まえです。
「そうよ。青《あお》いのと　赤《あか》いのだけよ。」
ねえさんねずみが　いいました。
「そんな　こと　ないよ。ぼくのも
あるよ。」
チロは　あわてて
いいかえしましたが、ほんとうは、
とても　しんぱいでした。
もしかすると、おばあちゃんは、
いちばん　小《ちい》さい　チロの　ことを
わすれて　しまったのかも　しれません。

令和2年度版　東京書籍　あたらしい　こくご　一下68～76ページ
『おとうとねずみ　チロ』もりやま　みやこ

3 手《て》がみを　よんだ　ねずみの　きょうだいは、どんな　ようすでしたか。文《ぶん》しょうの　中《なか》から　5文字《もじ》で　さがしましょう。　20てん

4 チロが　しんぱいなのは　どんな　ことですか。あてはまる　ものに　2つ　○を　つけましょう。　ひとつ15てん（30てん）

あ（　）ぼくの　チョッキも　あんで　くれるかな。
い（　）また　手《て》がみを　くれるかな。
う（　）赤《あか》の　チョッキを　くれるかな。
え（　）ぼく　のこと　わすれて　いないかな。

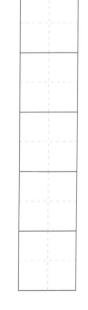

こくご こたえあわせ

おうちの方は、「間違えたときのアドバイス」を参考に、○をつけてあげてください。

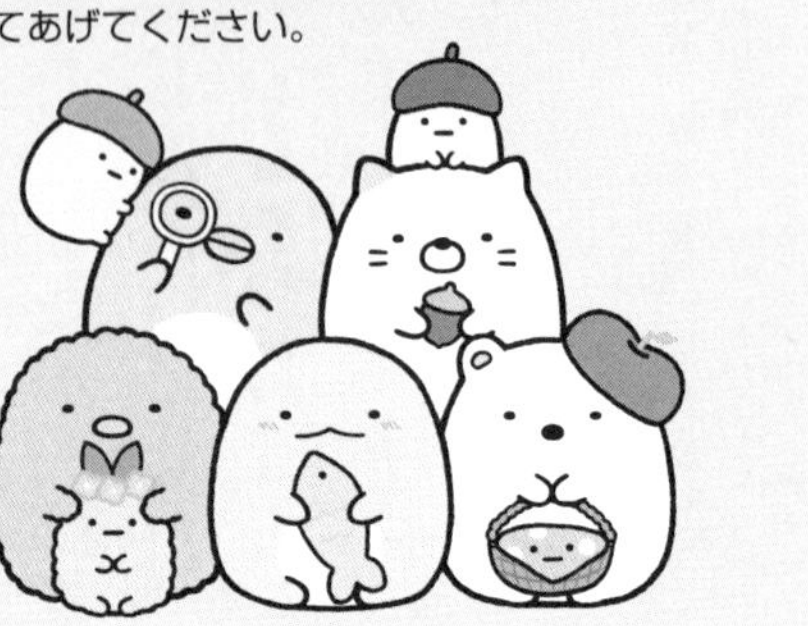

1 ひらがな 2・3ページ

1 ①やま ②ねこ ③ふね ④みかん ⑤おにぎり

2 ①すずめ ②りんご ③おばけ ④もぐら ⑤たぴおか

3 ①おちゃ ②きゅうり ③きょうりゅう

4 ①がっこう ②きっぷ ③えんぴつ ④らっぱ

間違えたときのアドバイス

拗音（小さい「やゆよ」）と促音（つまる音・小さい「つ」）を復習します。「おちや」と「おちゃ」、「がつこう」と「がっこう」と、声に出して、ちがいを教えましょう。また、言葉そのものを知らない場合は、現物や写真を見せて印象づけることも一つの方法です。

類題（解答箇所は色文字で示しています）

ちゃいろ、じゅうえん、きんぎょ、しっぷ

2 カタカナ 4・5ページ

1 ①トマト ②クレヨン ③メロン ④マスク ⑤オレンジ

2

① 
ランドセル ○
ラソドセル

② 
バケシ
バケツ ○

③ 
インユ
インコ ○

④ 
ポスト ○
ポヌト

3 ①ジャム ②ジュース ③チョコレート

4 ①ロボット ②ナッツ ③キツネ ④コップ

間違えたときのアドバイス

形が似ているカタカナは、「ク・ワ」「コ・ユ」「シ・ツ」「ス・ヌ」「ソ・リ」「ソ・ン」などです。

拗音・促音は、ひらがなの場合と同じです。拗音と促音のちがいを「ジユース」と「ジュース」、「ナツツ」と「ナッツ」、と、声に出して、ちがいを教えましょう。外国から来た言葉は、長音（のばす音）が「ー」（音引き）になることも理解させましょう。

類題（解答箇所は色文字で示しています）

キャンプ、チューリップ、チョッキ、ラッキー

3 ひらがな・カタカナの のばす音《おん》 6・7ページ

1

① 
たいよお
たいよう ○

② 
おべんとお
おべんとう ○

③ 
ひこうき ○
ひこおき

④ 
とけえ
とけい ○

❷ ①おおかみ ②かきごおり ③おねえさん ④びょういん

❸
① 
ノート ○
ノオト

② 
ケエキ
ケーキ ○

③ 
チーズ ○
チイズ

④ 
ソウダ
ソーダ ○

❹ ①ドーナツ ②コーヒー ③クローバー ④ピーマン

間違えたときのアドバイス
長音（のばす音）をカタカナで書く場合は、「ー」で書き表します。辞典を引くときは、「コオヒイ」と、ひらがなで書くような書き表し方で、五十音順に並ぶことを、発展して教えてもいいでしょう。

8・9ページ

4 文《ぶん》づくり①

❶ ①は ②は・わ ③を ④お・を

❷ ①に ②を ③に ④を

❸ ①の ②を ③で ④と ⑤に ⑥が

❹
① ~~を~~（お）りがみ~~お~~（を） おる。
② きょう~~わ~~（は） 天気《てんき》が よい。
③ とかげの いえ~~え~~（へ） いく。
④ ねこ~~わ~~（は） すみっこ~~え~~（へ） いく。

間違えたときのアドバイス
「は・わ」「を・お」「へ・え」の使い分けです。それぞれ「わ」「お」「え」と発音しても、書き表し方が違うことを理解させましょう。○○ちゃん「は」、リボン「を」つけて、がっこう「へ」いく。など、主語、目的語、場所の移動を入れた親しみやすい短文で教えるといいでしょう。

10・11ページ

5 。《まる》、《てん》「」《かぎ》の つかいかた

❶
① ねこが［、］すみっこに います［。］
② ぺんぎん?は［、］きゅうりが すきです［。］
③ とんかつと えびふらいの しっぽは［、］いっしょに 出《で》かけました［。］

❷
① ぺんぎん?は 本《ほん》やさんに いきました。本《ほん》を 三《さん》さつ かいました。
② しろくまが すみっこに すわって います。そこに とかげが きました。
③ とかげは みずうみに いきました。みずうみで たくさん およぎました。

間違えたときのアドバイス
句読点の問題です。句点「。」は、文の終わりに打つので、比較的、教えやすいのですが、読点「、」は、①主語の後に打つ。②文と文を分けるところに打つ。③並列の語句の後に打つ（最後の並列の後には打たない）。④接続詞の後に打つ。⑤修飾語がどこにかかるか分かるように打つ。1年生には難しいと思いますが、じっくり教えていきましょう。

類題（解答箇所は色文字で示しています）
わたしは、チョコレート、あめをかって、つぎに、50円《えん》のクッキーの、入《い》れものをかいました。

3
①
おにいさんは、

「おはよう。」

と、大《おお》きな　こえで　いいました。

②
おねえさんは、

「こんにちは。」

と、あいさつ　しました。

③
先生《せんせい》が、

「わすれものを　しないように。」

と、ちゅうい　しました。

4
①
おとうさんは、

「こうえんに　いこう。」

と、いいました。

②
おかあさんは、

「きゅうりを　かって　くる。」

と、かいものに　いきました。

間違えたときのアドバイス
「」は、話し言葉の前後につけます。「先生は、なんと言ったのかな?」「おとうさんは、なんと言ったのかな?」と声がけし、話し言葉と、地の文のちがいを説明しましょう。

6 ことば①
12・13ページ

1
①どうぶつ　②のりもの　③やさい
④がっき　⑤ようふく

2
①ごくごく　②すいすい
③ぴょんぴょん　④ころころ
⑤きらきら

3
①くらい　②ひくい　③みじかい
④あたらしい　⑤おそい　⑥うしろ
⑦おもい　⑧ちかい　⑨つよい
⑩大人《おとな》
※ふりがなはなくてもかまいません。

4
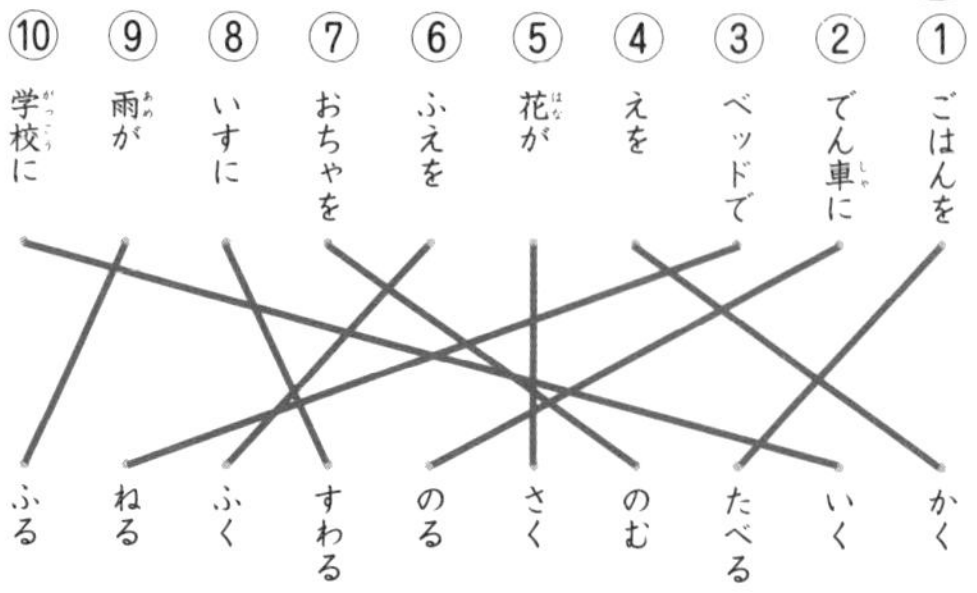

7 ことば②
14・15ページ

1
①まるい　②赤《あか》い　③たかい
④ながい
※ふりがなはなくてもかまいません。

2

①つめたい ②うすい ③ひくい ④ほそい ⑤はやい

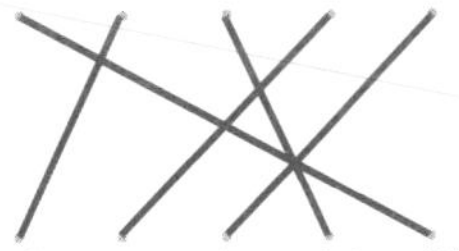

車《くるま》 山《やま》 水《みず》 ノート ぼう

3

① きょうは よい 天気《てんき》です。
（○）だから、そとで あそびます。
（　）しかし、そとで あそびます。

② 校《こう》ていで あそぶ ことに しました。
（　）つまり、雨《あめ》が ふって きました。
（○）しかし、雨《あめ》が ふって きました。

③ ちこくを して しまいました。
（○）なぜなら、ねぼう したからです。
（　）でも、ねぼう したからです。

4

①ので ②だから ③でも

間違えたときのアドバイス

語彙力は、一朝一夕で身につくものではありません。読書や、大人との会話などから覚えていくものです。「ウケる」「ヤバい」「スゴい」などの感覚的に言い切る言葉をなるべく使わないようにして、語彙力を増やす読書を少しずつ始めてみましょう。辞書を活用してもいいでしょう。

16・17ページ

8 かんじ①

1

①いちねんせい ②なか・い ③いと・きゅうほん ④やす ⑤せんえん ⑥て・ちから ⑦な・じ ⑧ゆう・そら ⑨ひゃく ⑩じょし

2

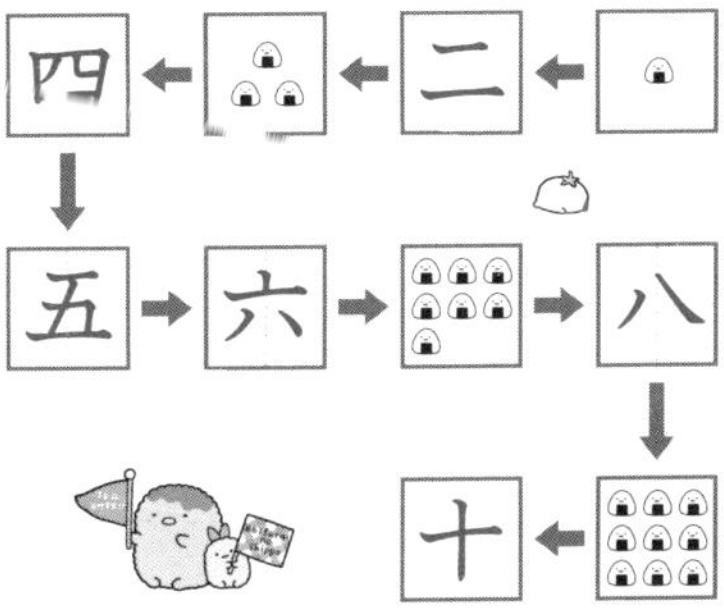

3

①月 ②火 ③水 ④木 ⑤金 ⑥土 ⑦日

18・19ページ

9 文《ぶん》づくり②

1

① 雨《あめ》が ふりました。

② 花《はな》が さいています。

③ しろくまが おきました。

④ 先生《せんせい》が はなします。

2

①たべた ②あらった ③よんだ ④ほした

3

①しろくま・ねている ②とんかつ・さしている ③おにぎり・たべている

4

①ねこ・とかげ

※じゅんばんはぎゃくでもかまいません。

②パンや ③おいしそう

間違えたときのアドバイス

「主語」と「述語」の問題です。文章の基本なので、見つけ方を覚えて、しっかり答えられるようにしましょう。主語は「何が(だれが)」にあたる語、述語は「どうする・どんなだ・何だ」にあたる語です。主語と述語以外は、状態を説明する「修飾語」、言葉をつなぐ「接続語」などがあります。

類題（解答箇所は色文字で示しています）

主語を○で、述語を△でかこみましょう。

わたしは、とりが たかい こえで なく のを ききました。

20・21ページ

10 かんじ②

1
①やま・み　②ぶん　③はや
④もり・むし　⑤かわ　⑥むら・まち
⑦ただ　⑧しろ・かい　⑨おん
⑩にほん（にっぽん）・じんこう

2
①学校　②先生　③天気　④大雨
⑤草花　⑥年玉　⑦犬・七　⑧小石
⑨赤・車　⑩三足

22・23ページ

11 文《ぶん》しょうの　よみとり

1
①スイカ　②キュウリ

> **間違えたときのアドバイス**
> ①リンゴと間違った場合は、「リンゴより大きいのは、何かな？」と導きましょう。
> ②やさいと間違った場合は、「何をくわしく説明しているかな？」と導きましょう。
>
> **類題**
> つぎの　文しょうは　なにに　ついて　かかれて　いますか。□から　えらんで　○でかこみましょう。
>
> はれているときは　空《そら》は　青《あお》いろです。くもると　白《しろ》や　はいいろになります。よるは　くらい　あいいろや　くろに　なります。
>
> 青　くもり　空　よる
>
> 答え：空

2

①
とんかつと　えびふらいのしっぽは　あそびに　いく　ことに　しました。とても　わくわく　しています。

（　）がっかり　している
（○）たのしみに　している
（　）かなしんでいる

②
ねこは　みんなに　はなし　かけられた　ので　どきどき　して　かくれ　ました。

（　）うれしい
（　）さみしい
（○）はずかしい

> **間違えたときのアドバイス**
> 文章全体から、内容を読み取ります。「わくわく」が楽しみに待っていること、「どきどき」が、はずかしがっていることを意味していることを教えましょう。この問題も、語彙力が大切になってきます。

3

①
しろくまの　すきな　ものは　おちゃです。とくに　あたたかい　おちゃが　大《だい》すきです。

（　）おちゃに　ついて
（○）しろくまの　すきな　ものに　ついて
（　）あたたかい　おちゃに　ついて

②
へやの　すみっこは　とても　おちつきます。しろくまや　ねこも　そこで　ゆっくりと　やすみます。

（　）しろくまや　ねこの　すきな　ばしょに　ついて
（　）しろくまや　ねこに　ついて
（○）へやの　すみっこに　ついて

> **間違えたときのアドバイス**
> 選択を迷うかもしれません。いちばん当てはまるものを選ぶように導きましょう。

4

（　）ぺんぎん？が　川《かわ》に　ながされて　しまった。
（○）ぺんぎん？が　ひやして　いた　やさいが　川《かわ》に　ながされて　しまった。
（　）ぺんぎん？が　ひやして　いた　やさいが　かわうそに　とられて　しまった。
（　）かわうそが　ひやして　いた　やさいが　川《かわ》に　ながされて　しまった。

間違えたときのアドバイス

「絶対にちがう選択肢」をはずしていく方法を教えてもいいでしょう。ぺんぎん?が川に流されてはいません。かわうそは野菜をとっていません。野菜をひやしていたのはぺんぎん?です。ひとつひとつはずしていくと、正解が見つかります。

12 かんじ③

24・25ページ

1 ①おとな・きん ②じょうず ③たなばた ④しがつ・ついたち ⑤くがつ・はつか ⑥ひとり ⑦ふたり ⑧じゅういちがつ・ふつか ⑨へた

2 ①大・小 ②上・下 ③入・出 ④右・左 ⑤男・女

3 ①6 ②3 ③3 ④2 ⑤1 ⑥3 ⑦2 ⑧4 ⑨4 ⑩5

13 よみとり もんだい① おおきな かぶ

26・27ページ

1 かぶの たね

2
あ（　）にがい かぶに なって ほしい。
い（○）あまい かぶに なって ほしい。
う（　）ちいさな かぶに なって ほしい。
え（○）おおきな かぶに なって ほしい。
お（　）かたい かぶに なって ほしい。

3 かぶは
（　）ぬけました。
（○）ぬけませんでした。

4 おばあさん

5 うんとこしょ、どっこいしょ。

間違えたときのアドバイス

●文章題の読み取りは、ていねいに文章を読むことがまず第一です。「おじいさんが かぶの たねを まきました。」とあります。「たね」と答えた場合、文章が進むと「かぶの たね」であることが大切なことがわかると伝え、何の種かまで書けるようにしましょう。

●「 」に入っている言葉がおじいさんの言葉であると教えましょう。また、2つ選ぶと指示されている点を見逃さないようにしましょう。

●読み取り問題は、場面をイメージしながら読むことも大切です。「ところが かぶは ぬけません。」で、かぶがぬけていないことがわかります。

14 よみとり もんだい② じどう車《しゃ》 くらべ

28・29ページ

1 ①人《ひと》を のせて はこぶ ②にもつを はこぶ ③おもい ものを つり上《あ》げる

※ふりがなはなくてもかまいません。

2
あ（　）はやく はしれるように する ため。
い（○）おもい にもつを のせる ため。
う（　）おもい ものを つり上《あ》げる ため。

3
あ（　）たくさんの 人《ひと》が のれるように する ため。
い（　）はやく はしれるように する ため。
う（○）車《しゃ》たいが かたむかないように する ため。

間違えたときのアドバイス

●説明文の文章題です。「バスや　じょうようしゃ」「トラック」「クレーン車」の説明をしている部分がどこなのかを考えさせましょう。各部分の最初に「〜しごとを　して　います」と書かれています。

●「トラック」の説明の部分から、タイヤの出てくる一文を見つけ出しましょう。

●クレーン車の「うで」「あし」の、2つの説明があるため、❷よりも難易度の高い問題です。「うで」の説明、「あし」の説明の部分を分けて考えましょう。

15 まとめの　テスト①　かんじ

30・31ページ

1
①くうき　②よにん・で
③こ・きゅう　④しんりん
⑤さゆう・み　⑥てあし
⑦はやし・ちゅう　⑧しゃ
⑨か・つち　⑩ほん・なな

2
①町　②天・川　③生・力　④耳
⑤上下

3

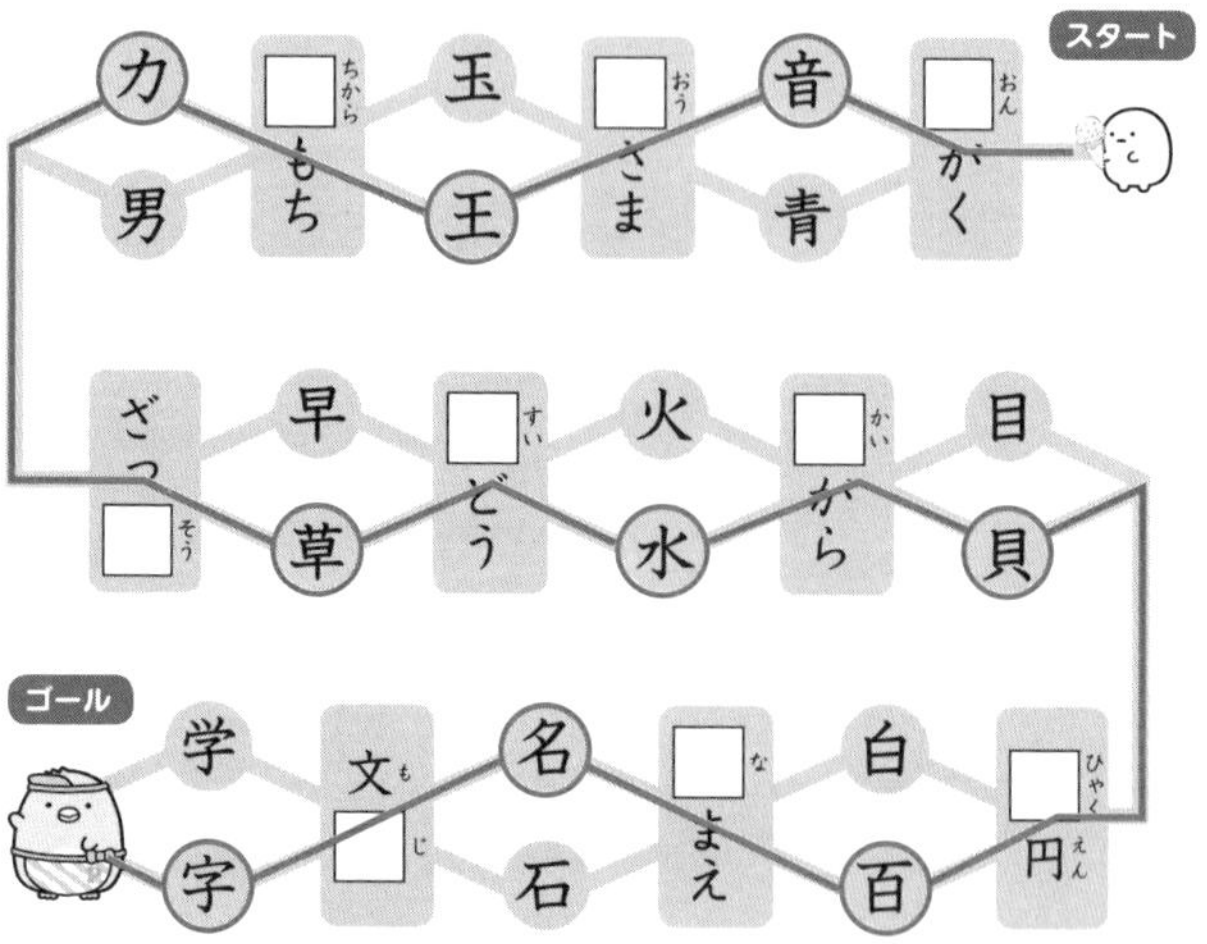

16 まとめの　テスト②　おとうとねずみ　チロ

32・33ページ

1
おばあちゃん

2
あ（　）ねずみの　きょうだいたちの　ために　セーターを　あんで　いる。
い（〇）ねずみの　きょうだいたちの　ために　チョッキを　あんで　いる。
う（〇）けいとの　いろは　赤《あか》と　青《あお》。
え（　）けいとの　いろは　きいろと　みどり。

3
大《おお》よろこび
※ふりがなはなくてもかまいません。

4
あ（〇）ぼくの　チョッキも　あんで　くれるかな。
い（　）また　手がみを　くれるかな。
う（　）赤《あか》の　チョッキを　くれるかな。
え（〇）ぼく　の　こと　わすれて　いないかな。

間違えたときのアドバイス

●最初の文に注目して読み取りましょう。

●2つ選ぶという指示を見逃さないようにしましょう。色がついている部分が、手紙の文章です。「セーター」「きいろと　みどり」は、ないことが分かります。

●手紙の文章の前後を探しましょう。手紙の文章の後に、様子が書かれています。

●チロの気持ちを文章の中から読み取る問題です。はっきりとは書かれていません。にいさんねずみ、ねえさんねずみ、チロの言葉から、チロの心配事を考えます。最後の文章にも手がかりがあります。

おうちの方へ

効率的な漢字学習には、一緒に熟語を作っていくことがポイントです。たとえば「山」なら、「登山」「山頂」といった具合です。語彙力がアップし、使える漢字が増えていきます。同じへんやつくりの漢字は、同じ意味を表わし、同じ読み方をすることがあるので、漢字をグループ分けしてみるのも良いでしょう。また、筆順を正しく書くように意識すると、字形が整い、読みやすくなります。（監修：卯月啓子）

51・50ページ

15 まとめの　テスト②　たんいと　ずけい１

1 ①3・30　②11・45　③4・39

2

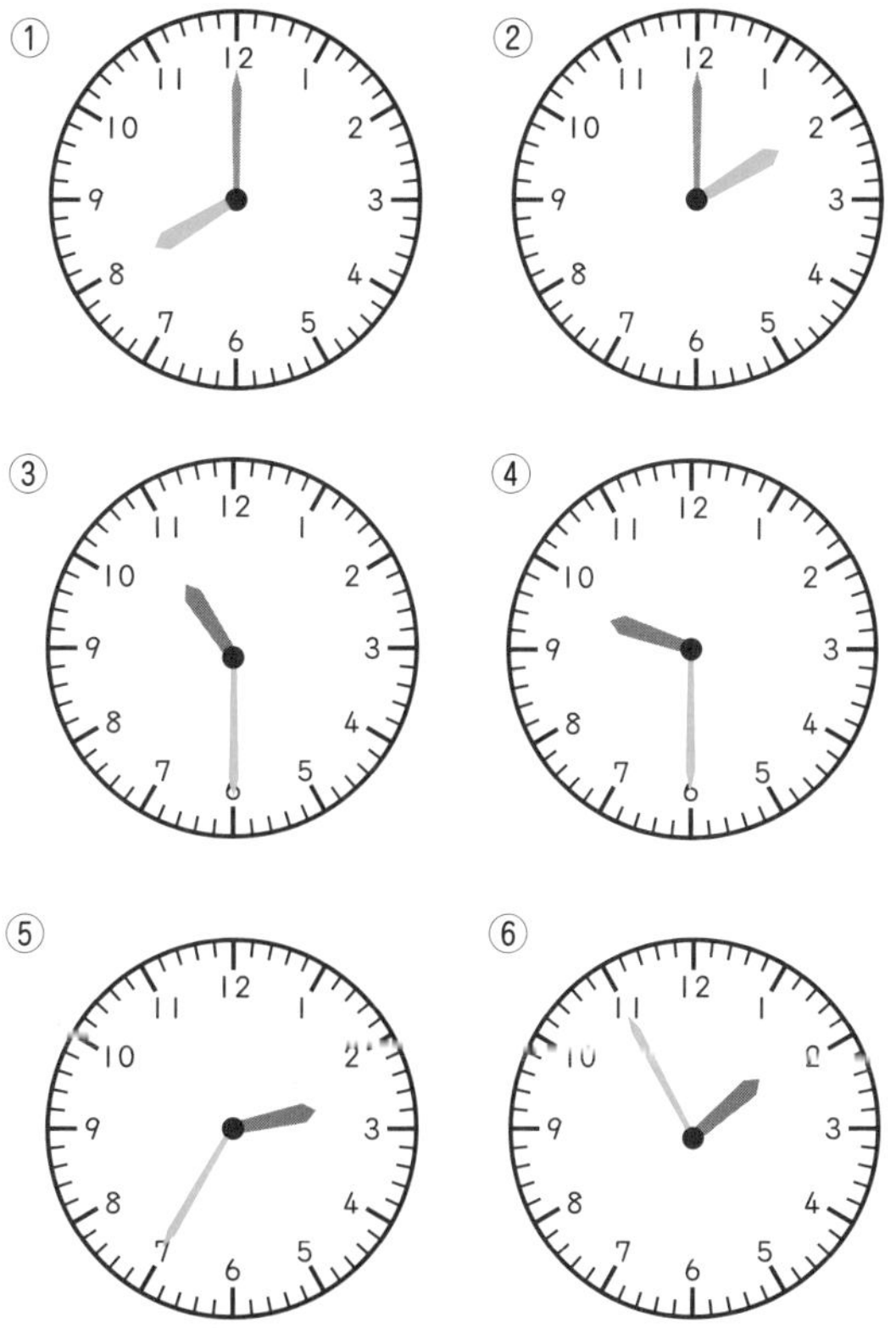

3 ①けしゴム　②青《あお》えんぴつ・3

※ふりがなはなくてもかまいません。

4 ①

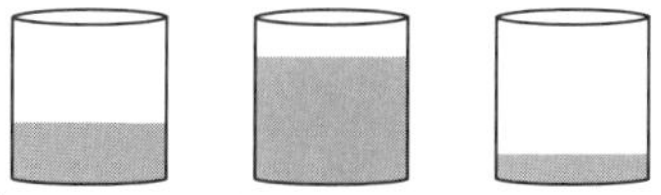

(2)(1)(3)

②

(2)(3)(1)

③

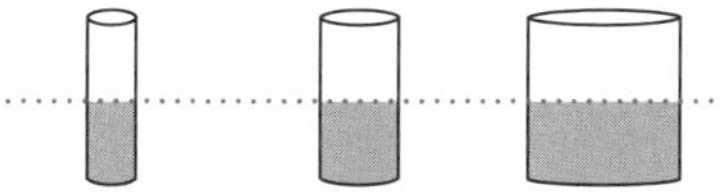

(3)(2)(1)

④

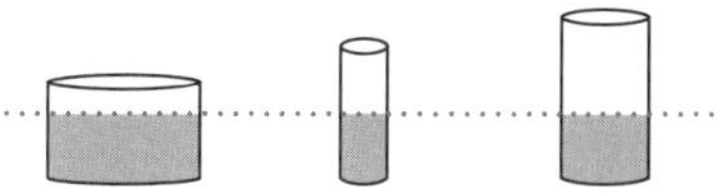

(1)(3)(2)

49・48ページ

16 まとめの　テスト③　たんいと　ずけい２

1 ①6・9　②ⓘ・3

2 ①ⓘ　②ⓤ

3 ① あ

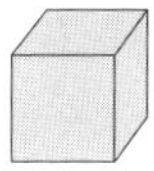

(　)

ⓘ

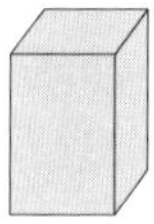

(○)

② あ

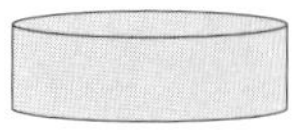

(○)

ⓘ

(　)

③ あ

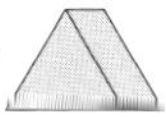

(　)

ⓘ

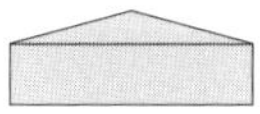

(○)

4 ①

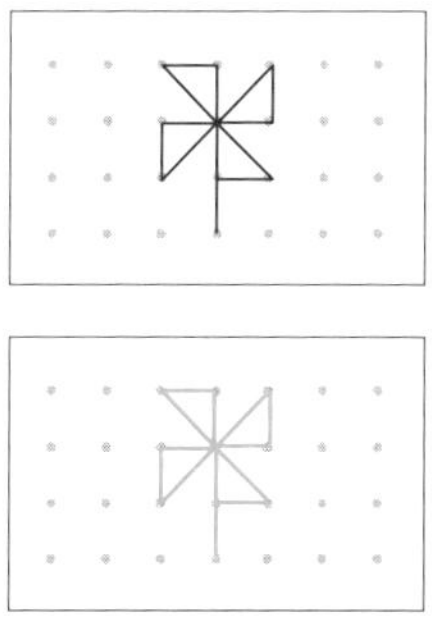

②

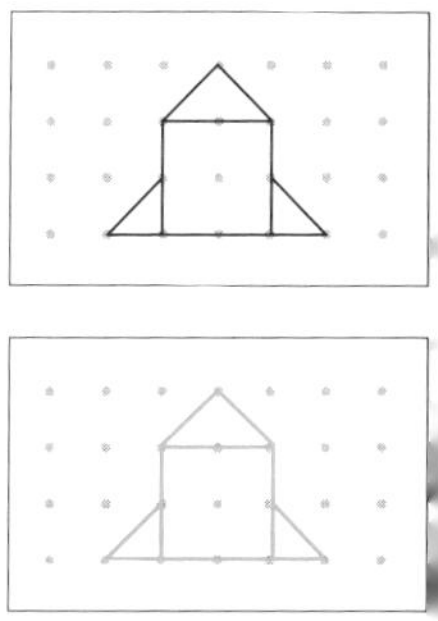

おうちの方へ

10の分解・合成は、数の操作の基本です。10は9と1、9と1で10と、歌のように唱えさせて数の感覚をつかませると、10を基準とした数の仕組みがわかり、大きな数でも同じだと理解できるようになります。時計の読み方は、12進法なので、長針と短針の動き方を日常生活の中で折に触れて指摘することで、身につきます。（監修／卯月啓子）

間違えたときのアドバイス

❹の問題の基準は、マス目です。ていねいに数えると、同じ広さの解答が選べるはずです。その際、形がちがっていても、広さが同じだということを、気づかせてあげてください。

55・54ページ

13 かたちの　ちがいと　かたちづくり

❶ ①

(　　) (　　) (○)

②

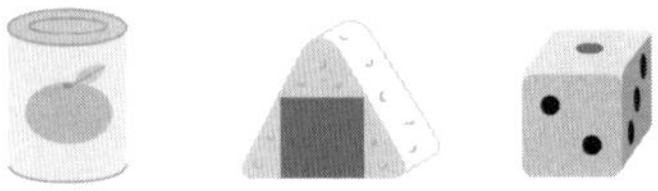

(　　) (○) (　　)

❷ ①

あ  (○)　い  (　　)

②

あ 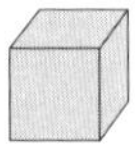 (　　)　い 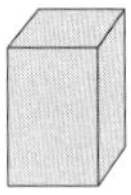 (○)

③

あ 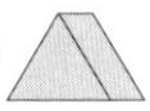 (　　)　い 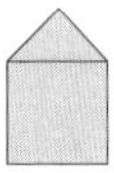 (○)

間違えたときのアドバイス

形の問題です。小学校では、みんなで空き箱や空き缶を集めて、学習することでしょう。1年生では、いろいろな形があること、それには似た形があることがイメージできるとよいでしょう。間違えた場合は、家にある空き箱や空き缶でいろいろな形を見せましょう。立方体、長方体、球、円柱、おにぎり（三角サンドイッチ）が、押さえておきたいポイントです。

類題

┆　┆の　中の　かたちと　にている　かたちの
（ ）に　○を　かきましょう。

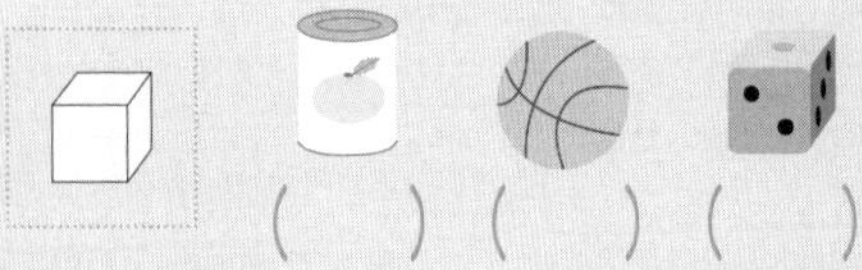

(　　) (　　) (　　)

答えは、右のサイコロに○が正解

❸ ①3　②4　③6

❹ ①

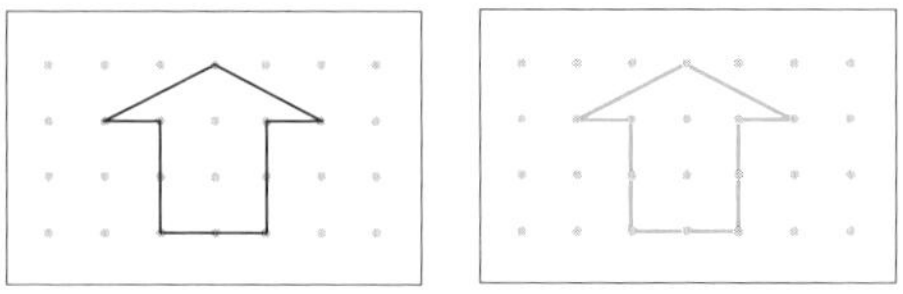

②

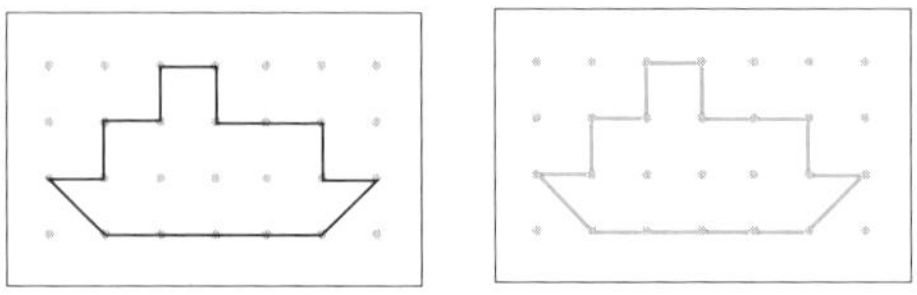

間違えたときのアドバイス

❸は、ていねいに数えれば大丈夫でしょう。❹を間違えたら、77ページの「かずの　じゅんばん」がマスターできているかを確かめましょう。問題の最初の点を、「上から何番目、左から何番目」と、数えていきます。その点から、さらに順番を数えていきます。

53・52ページ

14 まとめの　テスト①　かずと　けいさん

❶ ①15　②17　③18　④24

❷ ①

②

❸ ①

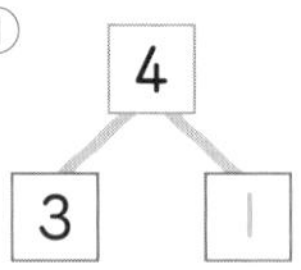

②

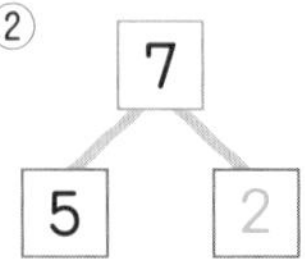

❹ ①7　②12　③17　④74

❺ ①7　②17　③20　④91

❻ ①9　②7

❼ （しき）8＋7＝15　（こたえ）15

❽ （しき）18－9＝9　（こたえ）9

間違えたときのアドバイス

かさの問題も、dLやmLなどの単位は、1年生では、まだ習いません。かさの比べ方の基本を学びます。❶で間違えた場合は、比べる基準が何なのかを考えさせましょう。容器が同じ大きさなら、水面が高いほど、かさが大きくなることをイメージしましょう。水面の高さが同じなら、容器が大きいほど、かさが大きくなることをイメージしましょう。

類題

水が　おおく　入っているほうの　（　）に
○を　かきましょう。

①

（　）（　）

②
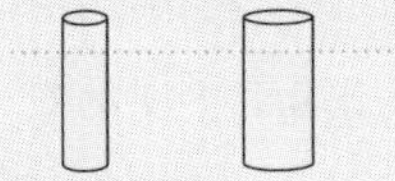
（　）（　）

①は右に○が正解。②は右に○が正解

❷
①

（3）（2）（1）

②
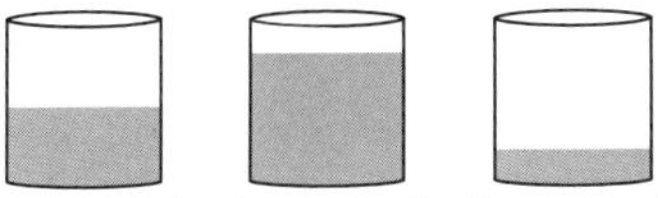
（2）（1）（3）

③
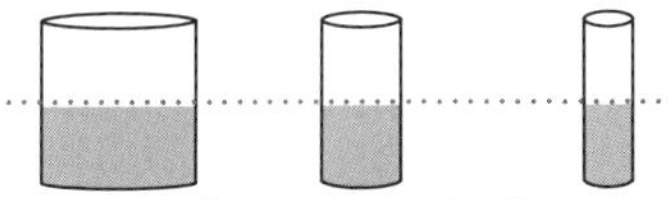
（1）（2）（3）

④
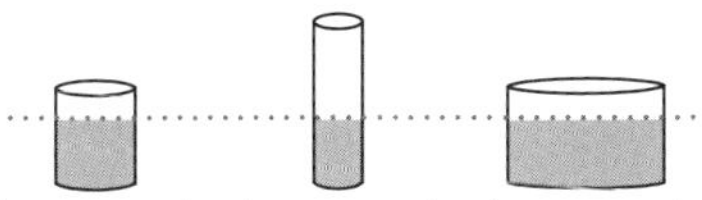
（2）（3）（1）

❸ ①7・5　②あ・2

❹
①
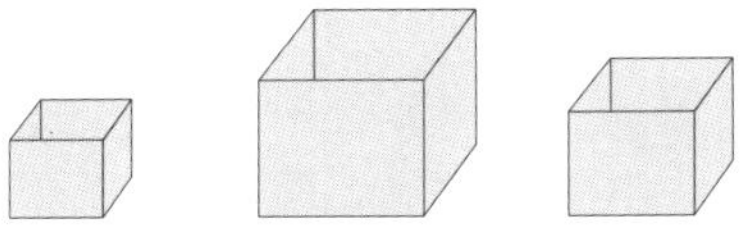
（3）（1）（2）

②
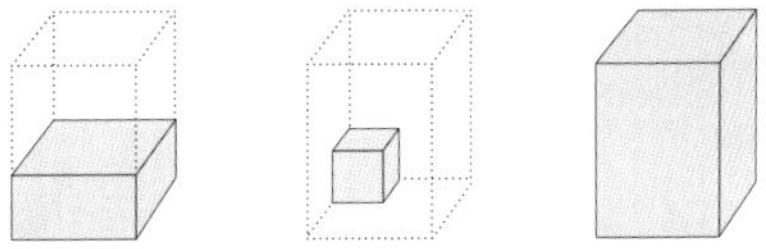
（2）（3）（1）

間違えたときのアドバイス

かさの問題の発展形です。長さは、消しゴムやマス目を基準にしましたが、かさは、容器の大きさを基準にします。また❹は、水のかさではなく、箱の容量でかさを比べる問題です。直感的にわかる問題ですが、①なら辺の長さや高さ、②なら、一番大きい箱が基準になることを見つけ出しましょう。

57・56ページ

12 ひろさの　くらべかた

❶
①
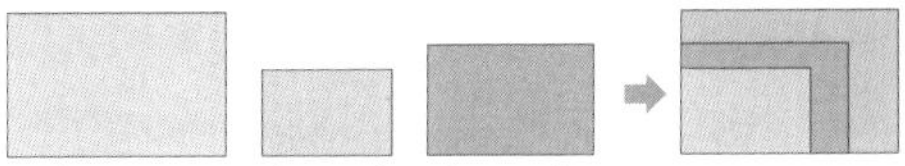
（1）（3）（2）

②
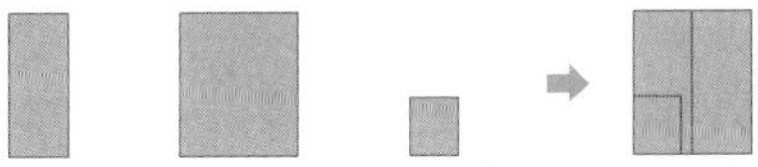
（2）（1）（3）

❷ ①あ　②い

間違えたときのアドバイス

広さも、1年生では単位は習いません。基準となるのは、❶では、端をそろえて重ねたとき、❷では、同じ大きさのカードの枚数になります。間違えた場合は、家にあるおりがみやトランプで類題を作るのがおすすめです。

類題

カードを　ならべた　ひろさが　ひろいのは
どちらですか。

あ
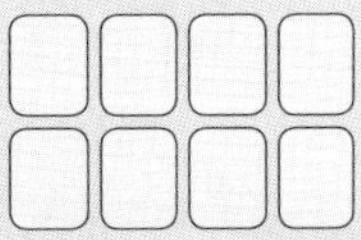

い

答え：い

❸ ①12　②15　③とかげ・3

❹ ①い　②う

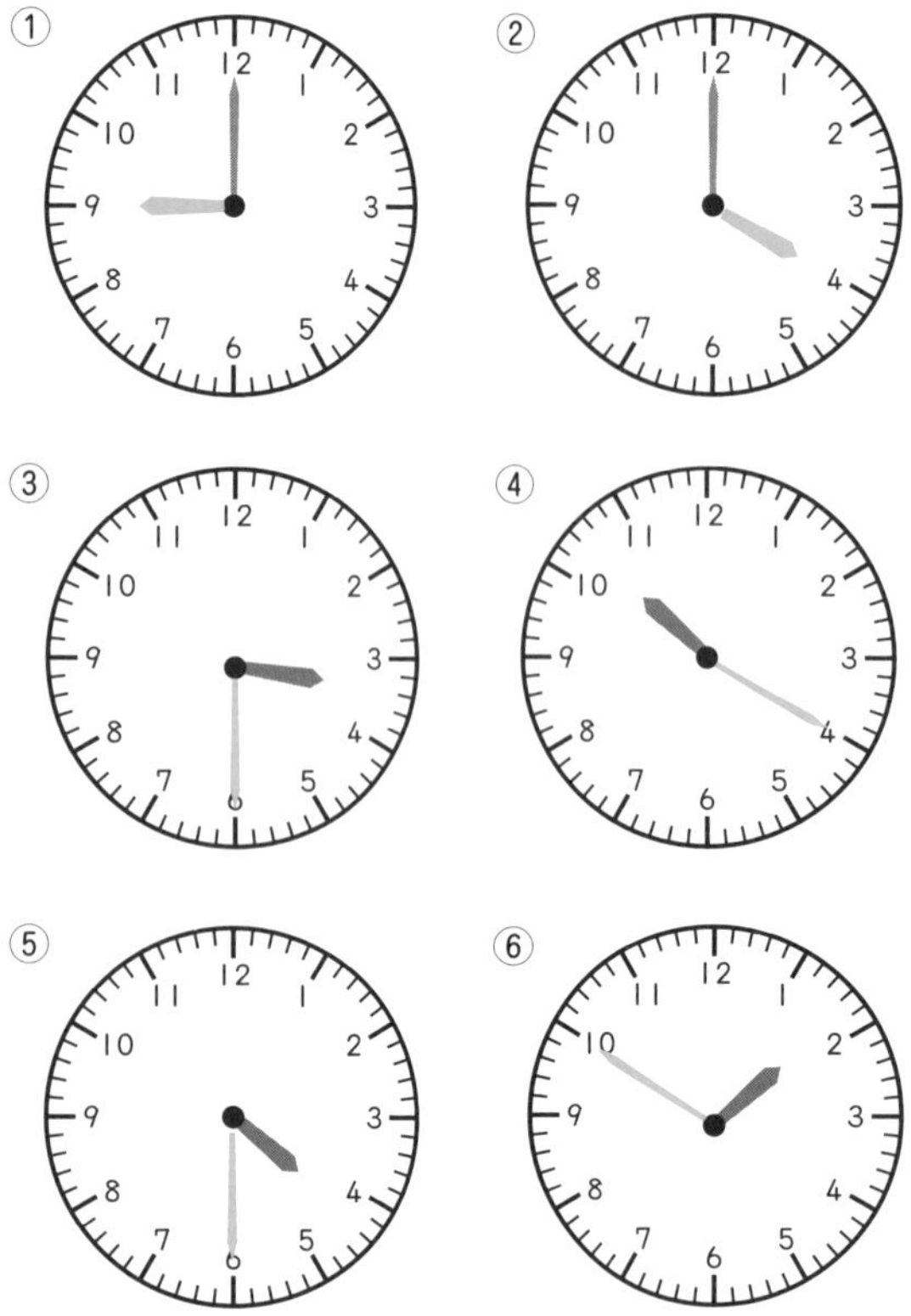

❸ ①3・5　②11・20　③4・45
①11・4　⑤2・22　⑥7・57

❹

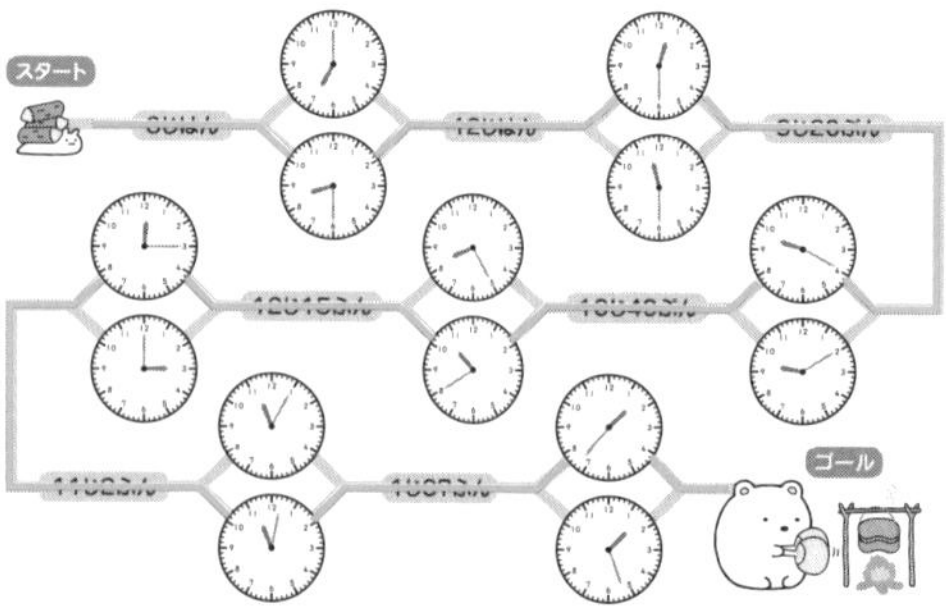

間違えたときのアドバイス

時計の読み取りの問題です。１年生では、「この時刻の何時間後」「この時刻の何分前」という問題は扱いません。時計を見て、正しく時刻が答えられることを、第一に目指しましょう。❸の⑥は短針が８に近いので、「８じ57ふん」と間違いやすいです。短針が数字と数字の間にあるときは、少ない数字の方が「○じ」になることを覚えさせましょう。

類題

なんじなんぷんでしょう。

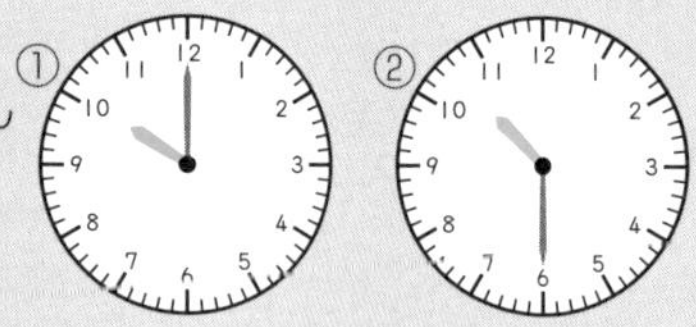

①の答えは10時
②の答えは10時30分

10 ながさの　くらべかた

❶

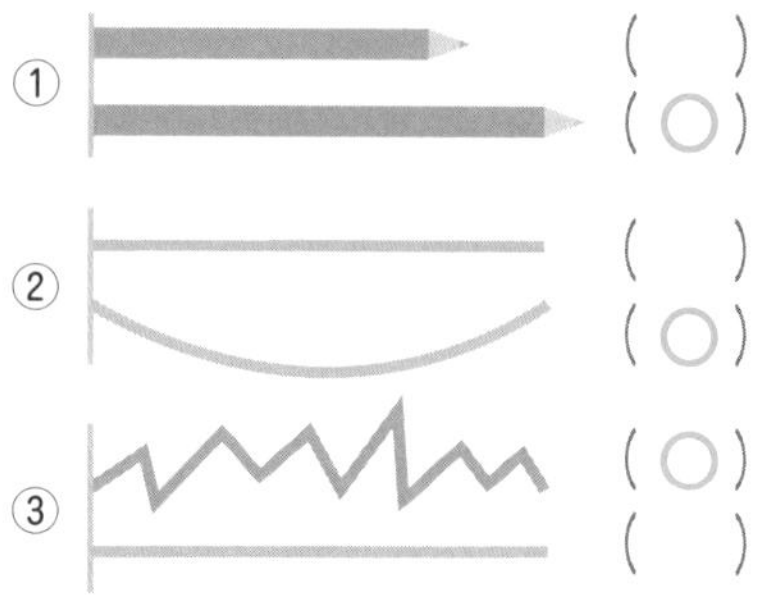

❷ ①よこ　②たて

❸ ①5　②4

❹ ①赤《あか》えんぴつ

※ふりがなはなくてもかまいません。

②のり・1

間違えたときのアドバイス

長さの問題です。1年生では、mmやcmなどの、単位は習いませんが、単位の代わりに、消しゴムやマス目などで、長さを比べます。❶や❷を間違えた場合は、実際に鉛筆やノート、ヒモを使って、長さを比べてみるとよいでしょう。マス目で比べる場合は、方眼ノートが便利です。文房具を置いて、実際に比べると、イメージしやすくなります。

11 かさの　くらべかた

❶

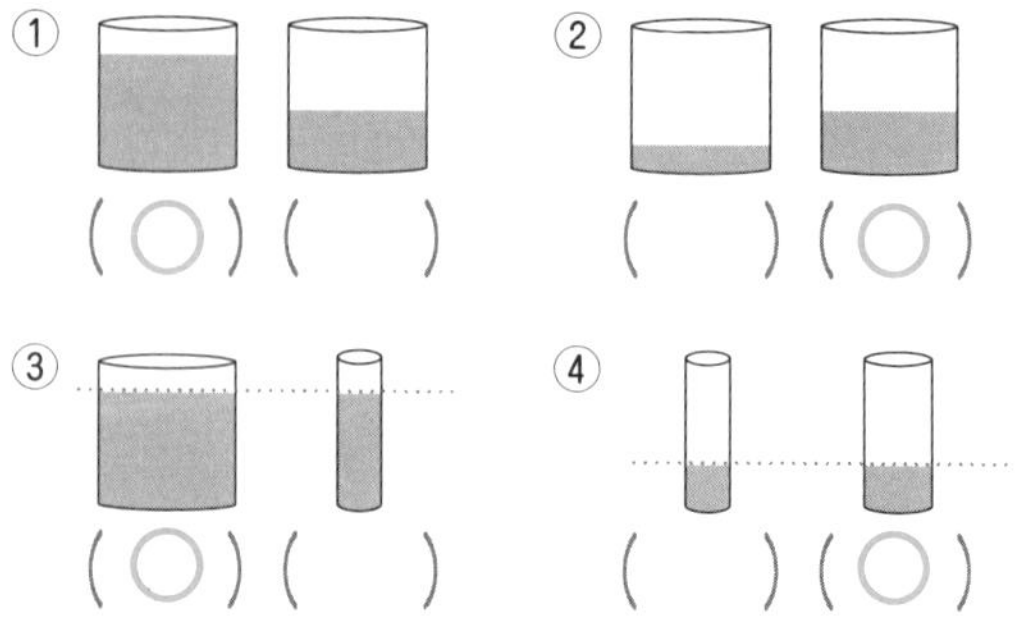

類題
8＋7＝
8に2をたすと10。7から2をもらってくるので、残りは5。10と5をたして、答えは15になります。
9＋16＝
9に1をたすと10。16から1をもらってくるので、残りは15。10と15をたして、答えは25になります。

69・68ページ

6 ひきざん

1 ①7・4・4　②10・6・6
③6・9・9　④12・8・8

2 ①2　②2　③6　④0　⑤5
⑥12　⑦8　⑧4　⑨9　⑩17

3 ①10　②0　③60　④50　⑤93
⑥82　⑦32　⑧74　⑨51　⑩95

間違えたときのアドバイス
ひき算も、間違えた場合は、たし算と同様に、69ページにもどって復習しましょう。くり下がりのあるひき算も、数の合成と分解の理解が基本になります。
類題
15―9＝
15を10と5に分けます。つぎに、10から9をひくと1。これに残りの5をたして、答えは6になります。

67・66ページ

7 3つの　かずの　たしざん　ひきざん

1 ①9　②2　③4　④9

2 ①7　②8　③8　④9　⑤6
⑥2　⑦0　⑧3　⑨2　⑩1

3 ①2　②0　③5　④2　⑤5
⑥9　⑦6　⑧8　⑨10　⑩3

間違えたときのアドバイス
たし算、ひき算の理解をふまえた問題です。数が3つになっても同じ考え方です。間違えた場合は、くり上がりのあるなし、くり下がりのあるなしのどこで間違えたかを見て、該当のページに戻って復習しましょう。たし算とひき算が混ざった式は、混乱しやすいですが、左から順に計算していくとよいことを教えましょう。

65・64ページ

8 ぶんしょうもんだい

1 ①（しき）5+4=9　（こたえ）9
※式のこの部分は省略してもかまいません。学校で習ったやり方に合わせてください。
②（しき）3+4=7　（こたえ）7
③（しき）8−5=3　（こたえ）3
④（しき）10−4=6　（こたえ）6

2 ①（しき）3+6=9　（こたえ）9
②（しき）9+6=15　（こたえ）15
③（しき）7−5=2　（こたえ）2
④（しき）16−8=8　（こたえ）8

間違えたときのアドバイス
文章題は、その状態をイメージすることが重要です。65ページでは、イラストを入れてイメージしやすいようにしています。64ページはイラストがありません。「もらいました」で数が増えるたし算であること、「つかうと」「かえりました」で数が減るひき算になることを教えましょう。

63・62ページ

9 なんじなんぷん

1 ①2　②10　③7

2
●短い針の答えについて
短い針は、1時、2時などちょうどの時は、その数字ぴったりのところにかきます。1時半、2時半などの時は、それぞれ1と2の真ん中、2と3の真ん中にかきます。それ以外は、答えの針の場所と近いところにかいていれば正解です。

75・74ページ

3 いくつと　いくつ

❶

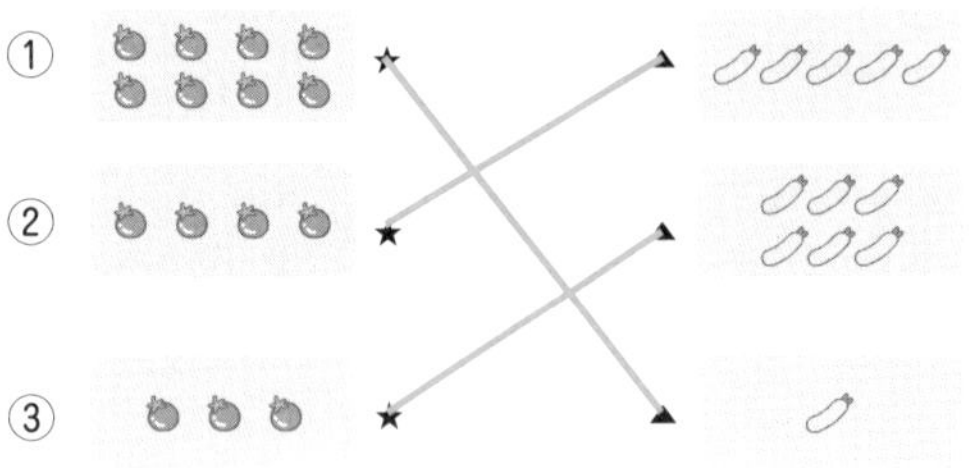

❷ ①2　②4　③5　④7

❸
① 1 ― 9
② 5 ― 5
③ 3 ― 7

❹
① 5：2・3
② 7：3・4
③ 9：6・3
④ 10：2・8

間違えたときのアドバイス
数の分解の問題です。❶は、左のイラストをていねいに数えたら、あといくつで9になるかがわかりやすくなります。❷と❸と❹は、数字になるので、さらに抽象的です。ここを間違えたら、おはじきやコインを出して、実際に数えてみるといいでしょう。

73・72ページ

4 20より　大《おお》きい　かず

❶ ①21　②26

❷ ①23　②15　③30　④28

❸
① 18－19－20－21－22－23－24
② 35－36－37－38－39－40－41
③ 94－95－96－97－98－99－100

❹
① 45：40・5
② 55：20・35
③ 83：70・13
④ 100：60・40

間違えたときのアドバイス
79ページの「10までの　かず、10より　大きい　かず」と、75ページの「いくつと　いくつ」の発展形です。1から100までの数の表を見せて、連続する数をイメージさせるのもいいでしょう。

数の表です。右のQRコードを読み取り、ダウンロードしてお使いください。

71・70ページ

5 たしざん

❶ ①2・5・5　②10・15・15
③4・12・12　④4・16・16

❷ ①3　②8　③9　④6　⑤7
⑥10　⑦12　⑧13　⑨15　⑩15

❸ ①12　②19　③18　④15　⑤18
⑥16　⑦22　⑧58　⑨80　⑩91

間違えたときのアドバイス
くり上がりのないたし算を間違えた場合は、75ページを復習しましょう。くり上がりのあるたし算を間違えた場合は、10のまとまりを作ることを意識させましょう。たされる数に、たす数のうち、いくつをたせば10になるのか、という考え方です。2けたの計算は、十の位と一の位の数どうしをそれぞれ計算するよう教えましょう。

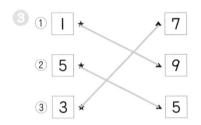

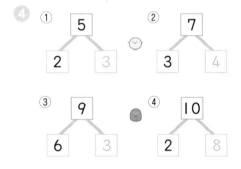

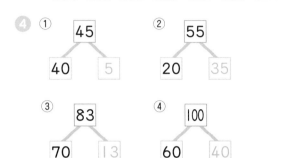

さんすう こたえあわせ

おうちの方は、「間違えたときのアドバイス」を参考に、○をつけてあげてください。

79・78ページ

1 10までの　かず、10より　大《おお》きい　かず

❶

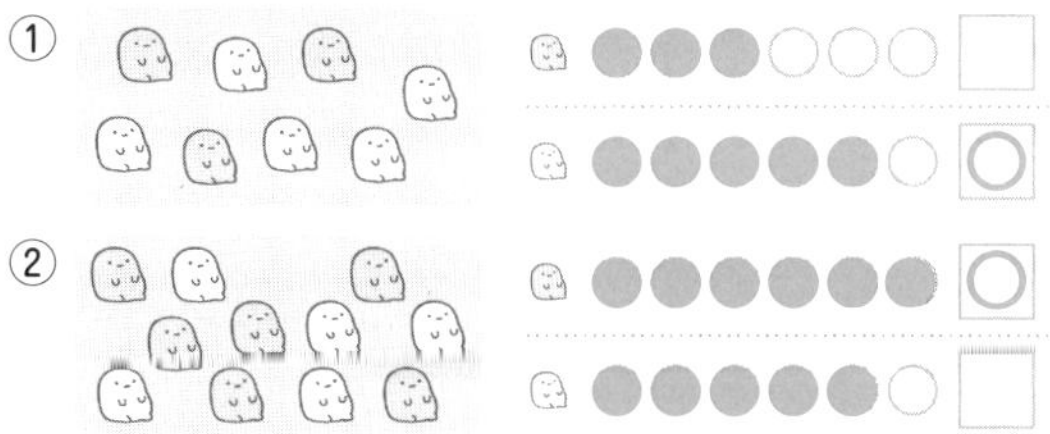

❷ ①8　②10

❸ ①15　②19

❹

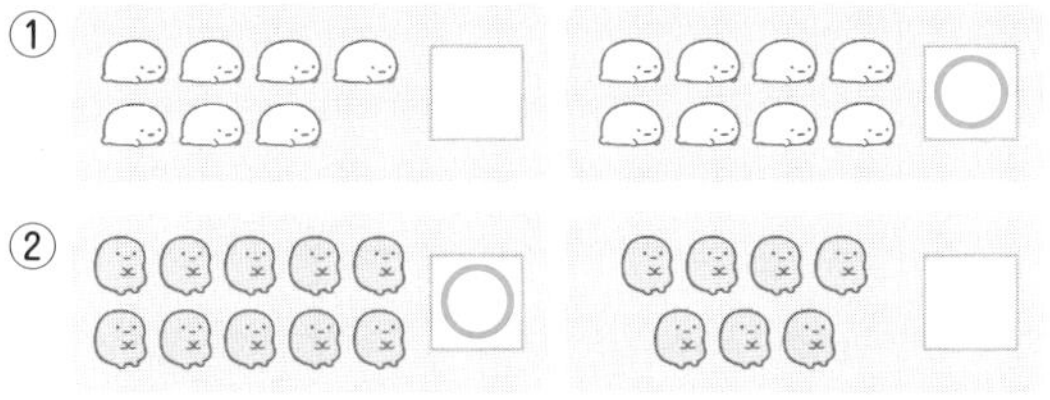

❺
① 1　2　3　4　5　6　7
② 14　15　16　17　18　19　20

❻ ①13　②18　③20

間違えたときのアドバイス
数の概念の問題です。数え落としがないように、キャラクターのイラストを、鉛筆の線で消しながら数える方法を提案してみましょう。

❺数は1から9までの連続が基本です。10からは、一の位がまた1から9になります。読み間違いやすい0と6は、丁寧に書くように声かけをしましょう。❻は、数字と実際のブロックの数を対応させているかどうかを確認しましょう。

77・76ページ

2 かずの　じゅんばん

❶

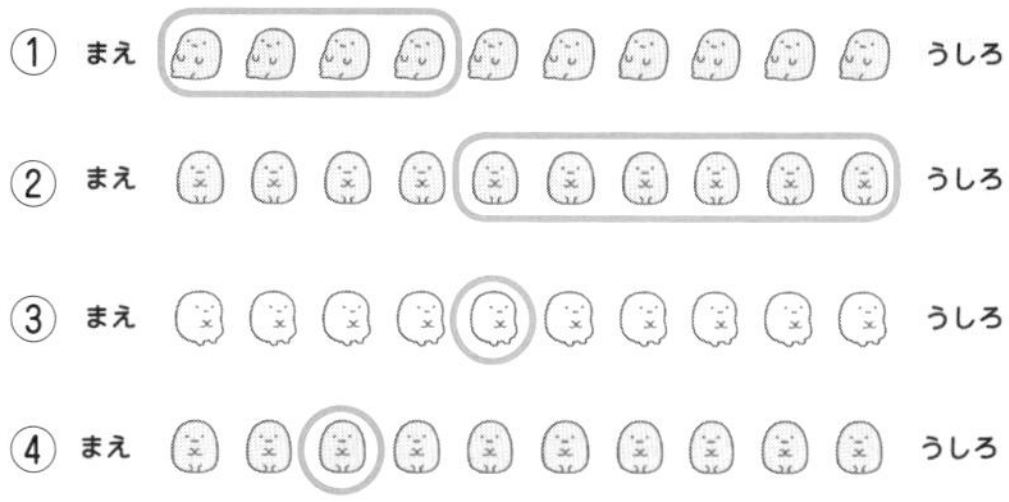

❷ ①2　②6　③4

❸

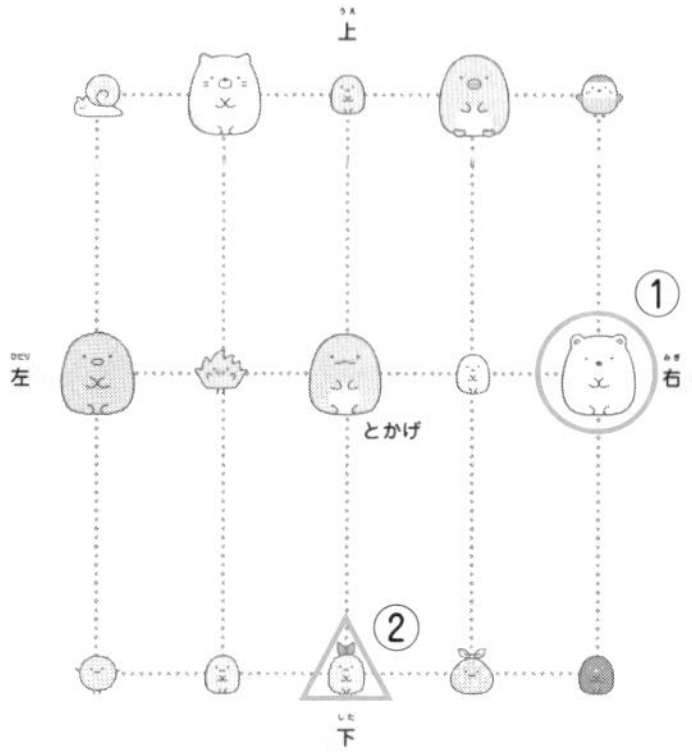

間違えたときのアドバイス
順番の問題です。間違えた場合は、最初を「1」と数えることを教えましょう。そこから順番に数えていきます。「前から4つを囲む」「前から5つめを囲む」の指示のちがいに注意を促しましょう。

類題
まえから　3つを　○で　かこみましょう。

まえから　3つめを　○で　かこみましょう。

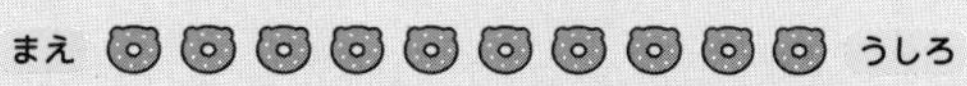

上の問題は、前から3つまでを全部囲むのが正解。
下の問題は、前から3つめだけを囲むのが正解。

3 下《した》の ［　　］ の 中《なか》の かたちは ㋐と㋑ どちらの つみきを 見《み》て かいた ものですか。（　　）に ○を かきましょう。

ひとつ10てん(30てん)

① まえから 見《み》た かたち

上《うえ》から 見《み》た かたち

㋐ 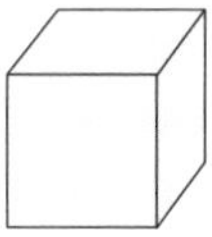 （　　）

㋑ 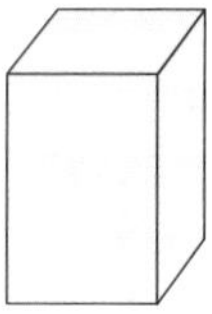 （　　）

② まえから 見《み》た かたち

上《うえ》から 見《み》た かたち

㋐ 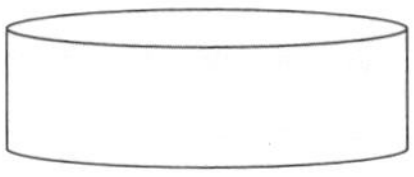 （　　）

㋑ 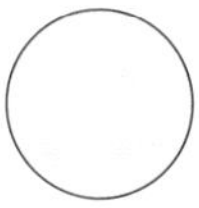 （　　）

③ まえから 見《み》た かたち

上《うえ》から 見《み》た かたち

㋐ 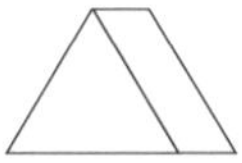 （　　）

㋑ 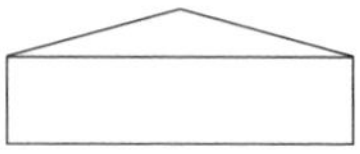 （　　）

4 じょうぎで てんと てんを むすんで、上《うえ》の ずと おなじ ところに おなじ かたちを かきましょう。

ひとつ15てん(30てん)

①

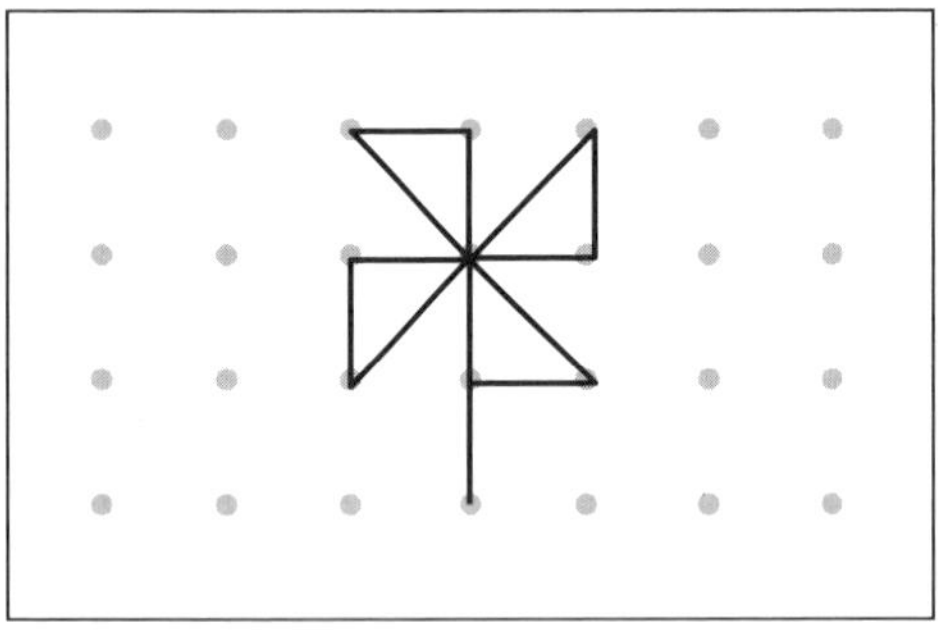

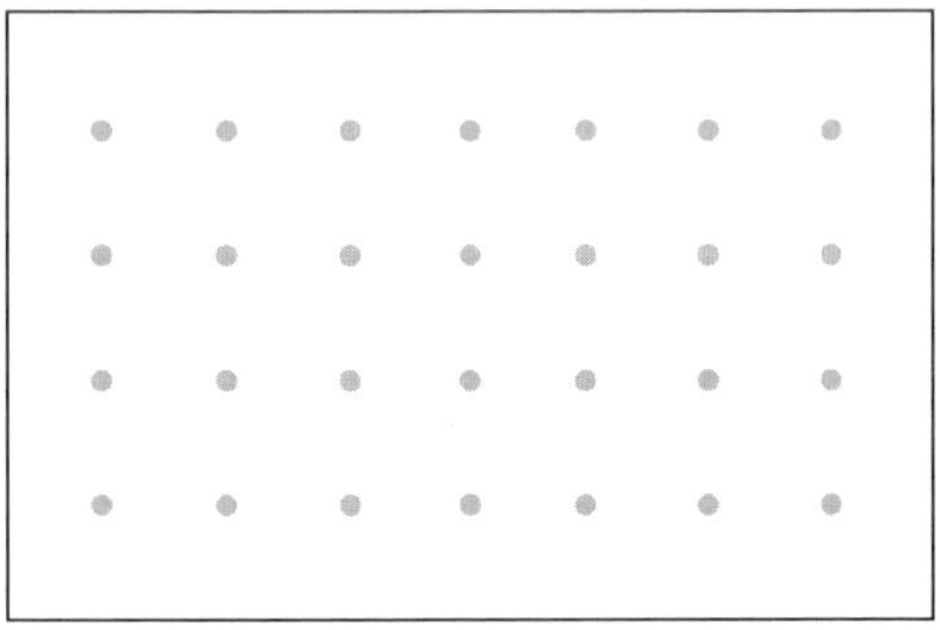

②

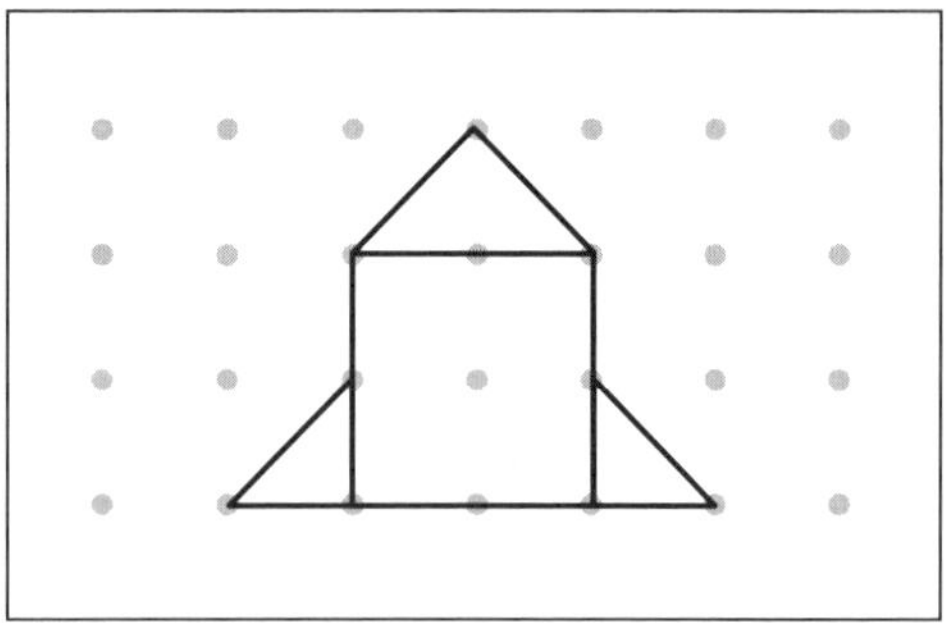

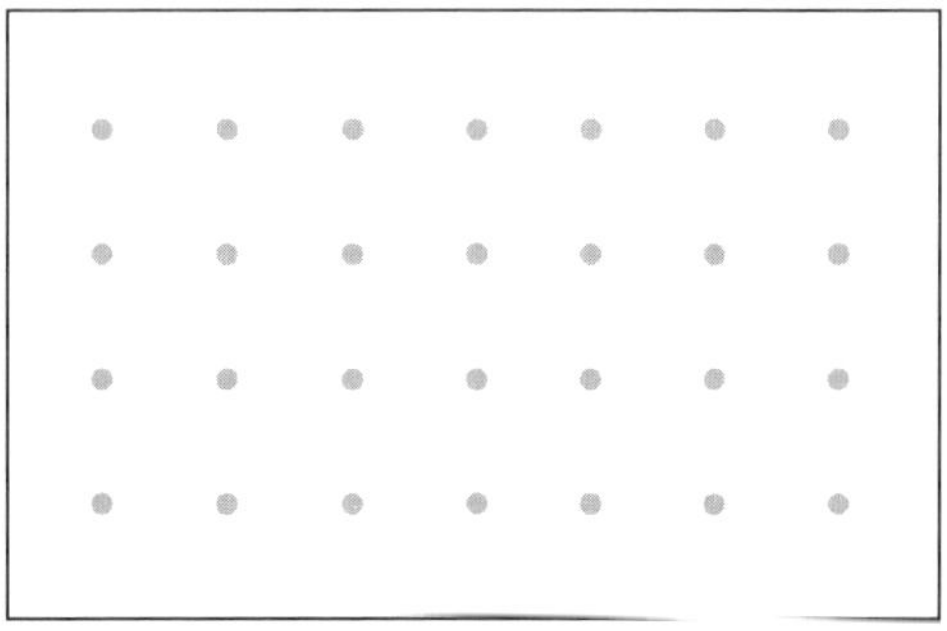

さんすう 16

まとめの　テスト③
たんいと　ずけい２

月《がつ》　日《にち》

てん

1 水《みず》が　おおく　入《はい》って　いるのは　どちらの　水《すい》とうですか。
□に　あてはまる　すう字《じ》や　きごうを　かきましょう。

ひとつ５てん(20てん)

あ 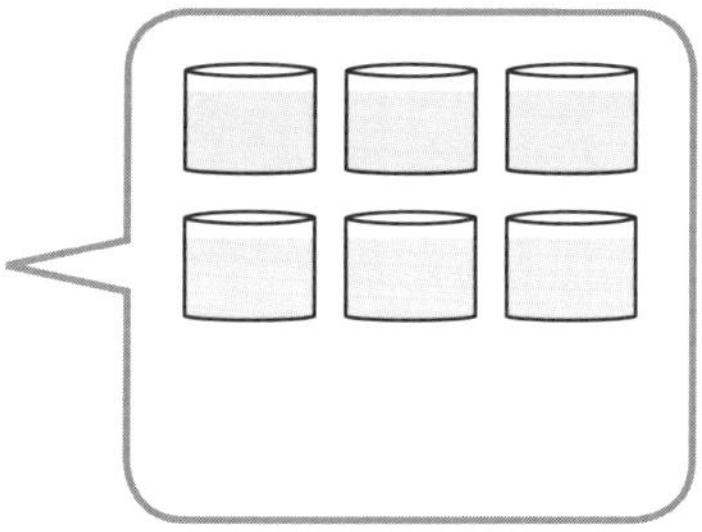

い 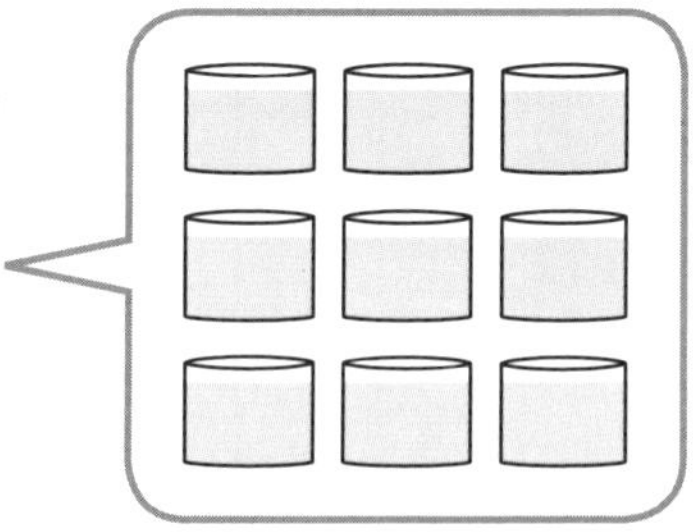

あは　□で　□　はい　いは　□で　□　はい

□の　ほうが　□で　□　ばいぶん　おおい。

2 いろの　ついた　ところの　ひろさが　⋯の　中《なか》の　ずと
おなじ　ものを　えらび、□に　きごうを　かきましょう。

ひとつ10てん(20てん)

①

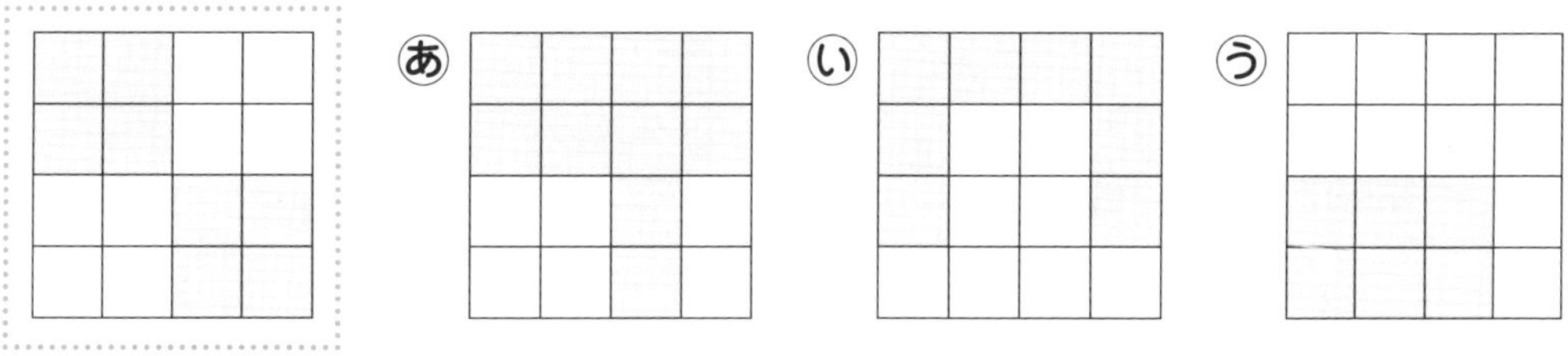

□

②

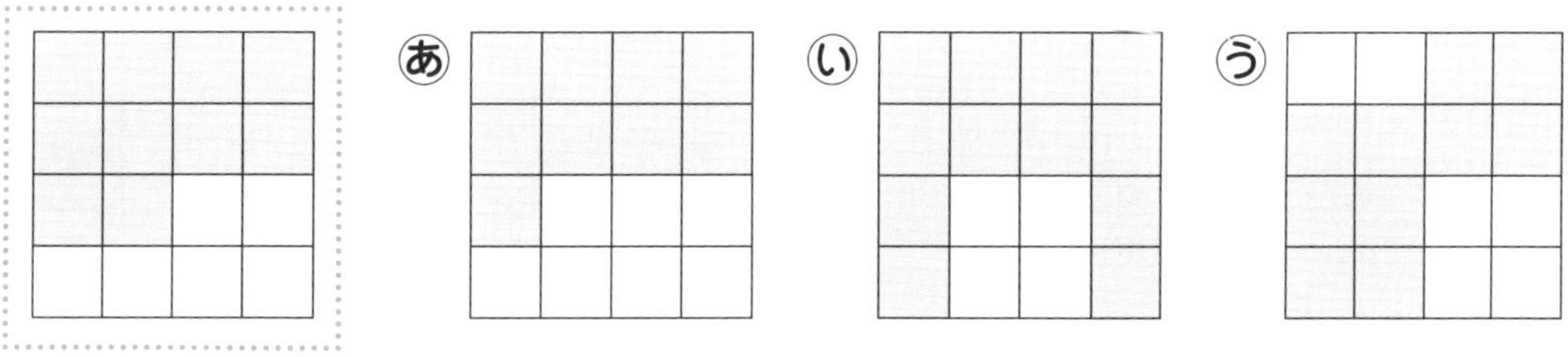

□

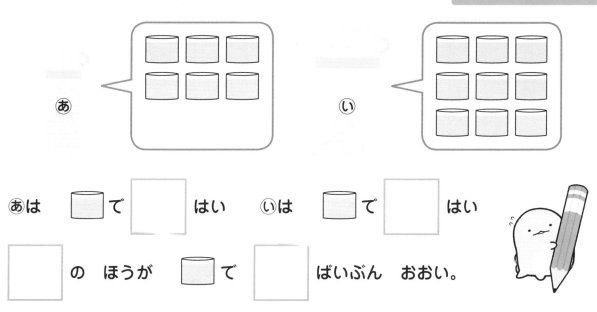

3 ますを　つかって　ながさを　くらべましょう。 ひとつ10てん(20てん)

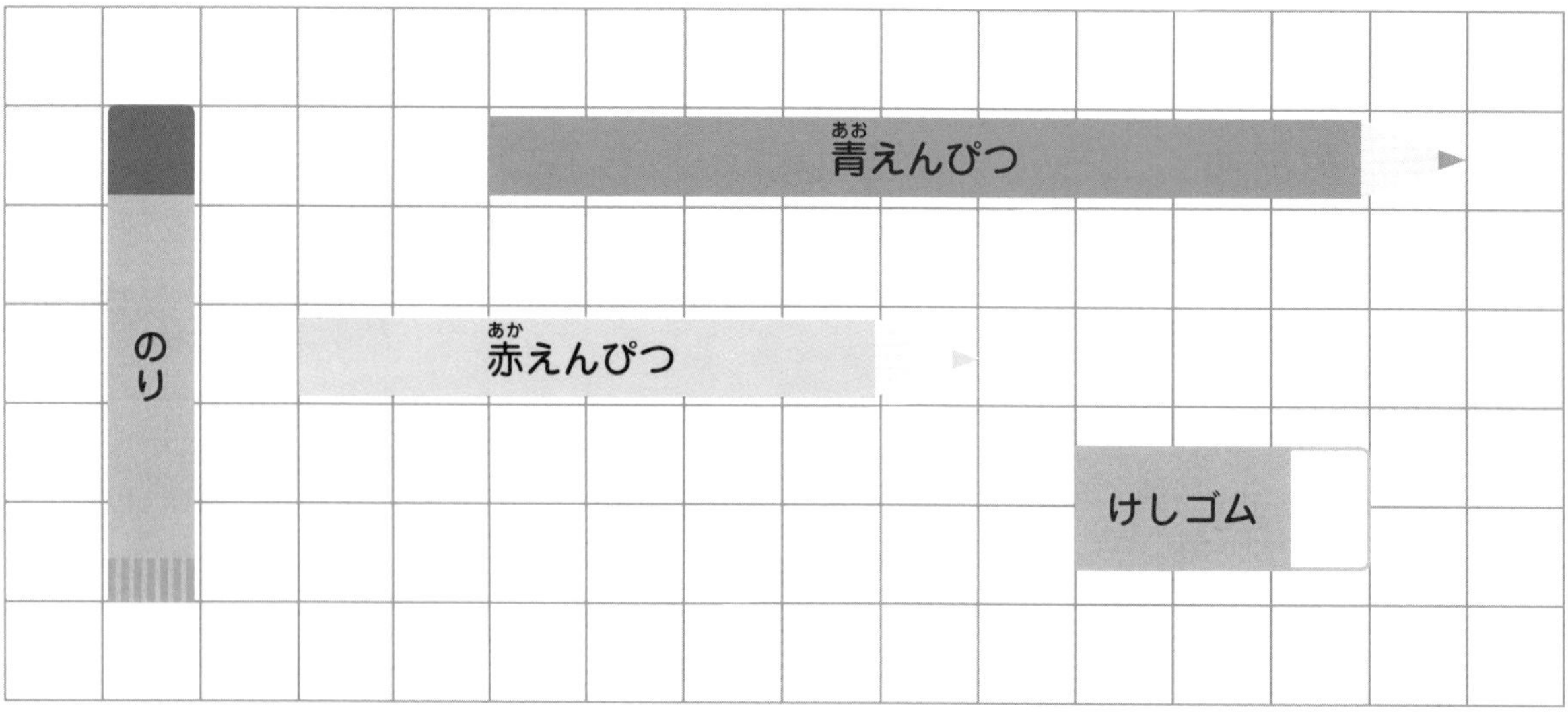

① いちばん　みじかいのは　どれですか。［　　　　］

② 青《あお》えんぴつと　赤《あか》えんぴつは　どちらが　どれだけ　ながいですか。

［　　　　］の　ほうが　ます［　］こぶん　ながい。

4 水《みず》が　おおく　入《はい》って　いる　じゅんに（　　）に　1、2、3と　ばんごうを　かきましょう。

※①、②の　入《い》れものの　大《おお》きさは　それぞれ　おなじです。

ひとつ8てん(32てん)

①

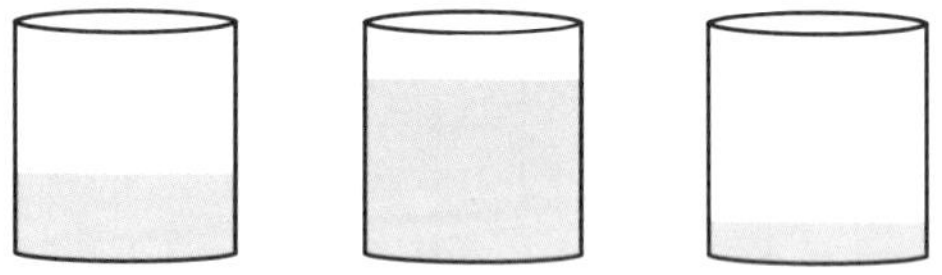

（　　）（　　）（　　）

②

（　　）（　　）（　　）

③

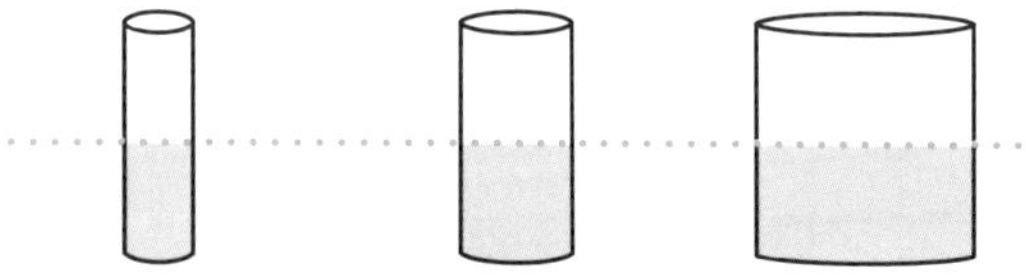

（　　）（　　）（　　）

④

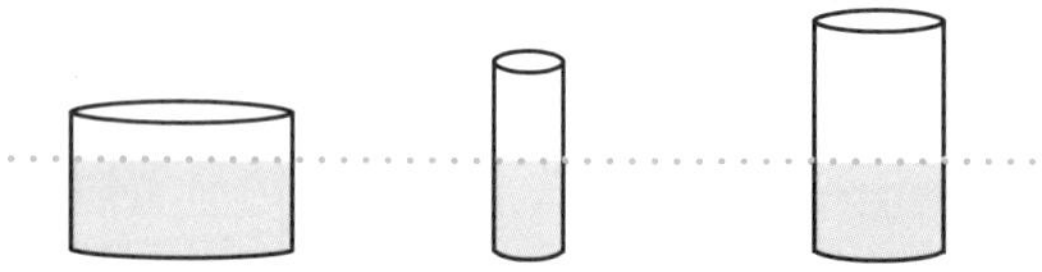

（　　）（　　）（　　）

まとめの　テスト②
たんいと　ずけい 1

月《がつ》　日《にち》

てん

1 なんじなんぷんですか。

ひとつ6てん(18てん)

①

□ じ □ ぷん

②

□ じ □ ふん

③

□ じ □ ふん

2 [　　　　] の　中《なか》の　じかんに　あわせて、ながい　はりや　みじかい　はりを　かきましょう。

ひとつ5てん(30てん)

① [8じ]

② [2じ]

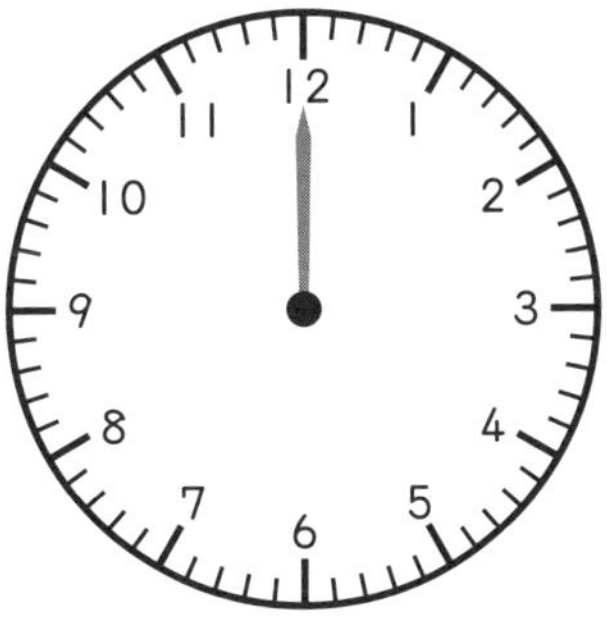

③ [10じはん]

④ [9じ30ぷん]

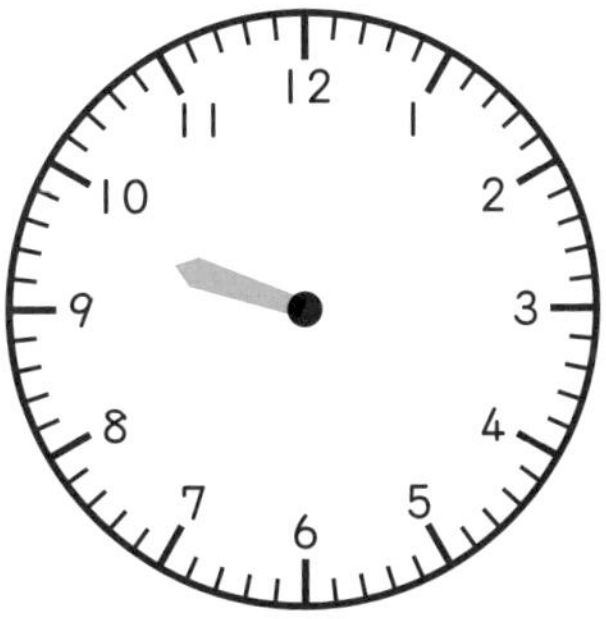

⑤ [2じ35ふん]

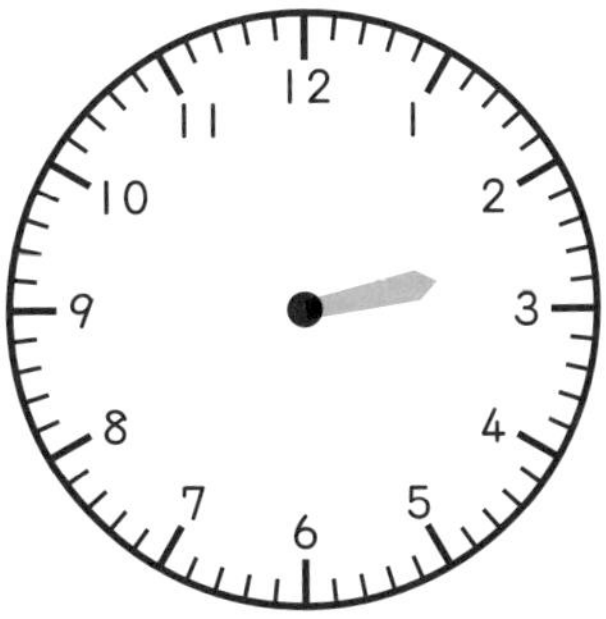

⑥ [1じ55ふん]

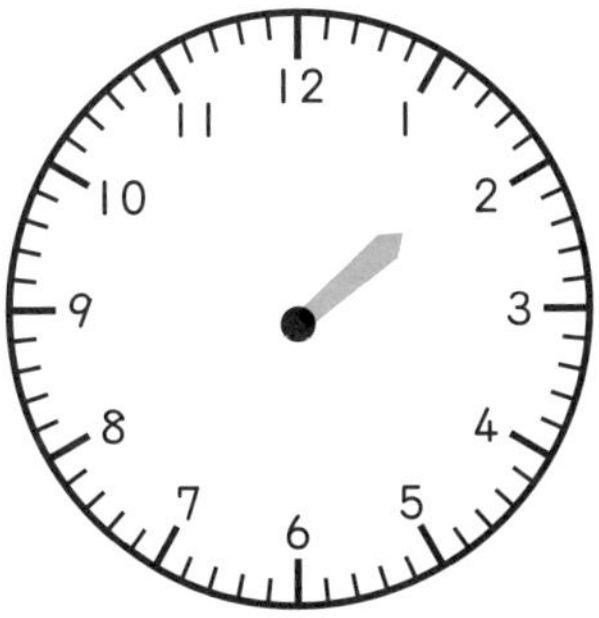

4 たしざんを　しましょう。

ひとつ3てん（12てん）

① $4+3=$ □

② $10+2=$ □

③ $14+3=$ □

④ $66+8=$ □

5 ひきざんを　しましょう。

1つ3てん（12てん）

① $9-2=$ □

② $20-3=$ □

③ $50-30=$ □

④ $96-5=$ □

6 3つの　かずの　けいさんを　しましょう。

1つ3てん（6てん）

① $4+3+2=$ □

② $8-5+4=$ □

7 きょうしつに　8人《にん》　います。そこへ、7人《にん》　きました。

きょうしつに　いるのは　あわせて　なん人《にん》ですか。

□に　しきと　こたえを　かきましょう。

10てん

しき □

こたえ □ 人《にん》

8 おりがみが　18 まいあります。9 まい　つかうと、のこりは

なんまいですか。□に　しきと　こたえを　かきましょう。

10てん

しき □

こたえ □ まい

まとめの　テスト①
かずと　けいさん

月《がつ》　日《にち》

てん

1 □に　あてはまる　すう字《じ》を　かきましょう。　ひとつ5てん(20てん)

① 10　と　5で □　　② 10　と　7で □

③ 8　と　10で □　　④ 14　と　10で □

2 下《した》の　えを　見《み》て　こたえましょう。　ひとつ10てん(20てん)

① まえ から　5 つを　○で　かこみましょう。

まえ  うしろ

② うしろ から　6 つめを　○で　かこみましょう。

まえ  うしろ

3 □の　すう字《じ》は　いくつと　いくつに　わけられますか。
□に　あてはまる　すう字《じ》を　かきましょう。　ひとつ5てん(10てん)

① 4 → 3 と □

② 7 → 5 と □

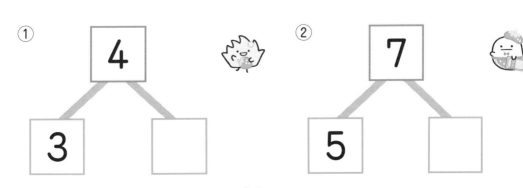

3 下《した》の　かたちは　の　いろいたを　なんまい　つかって　いますか。□に　あてはまる　すう字《じ》を　かきましょう。

ひとつ10てん(30てん)

①

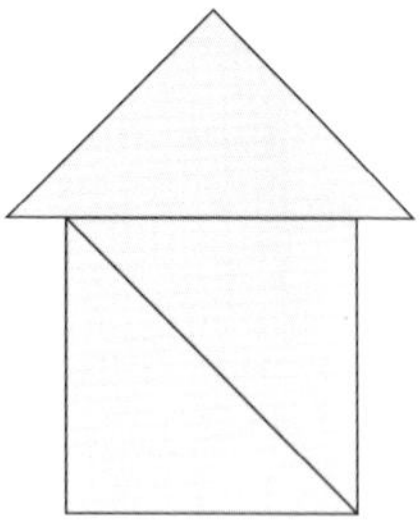

□まい

②

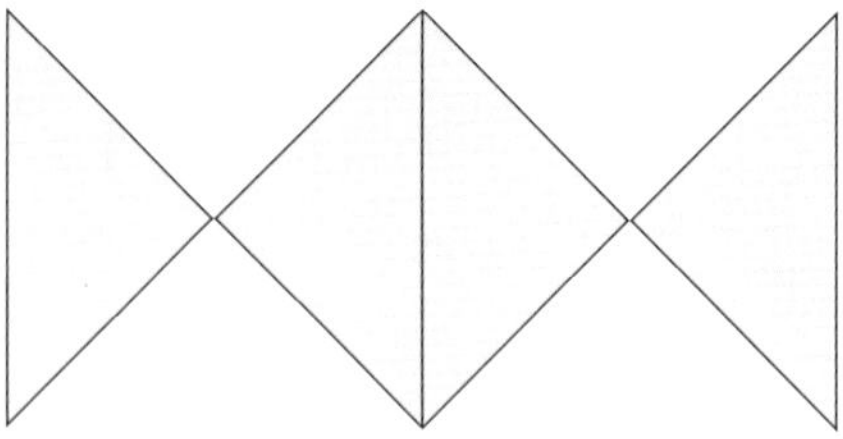

□まい

③

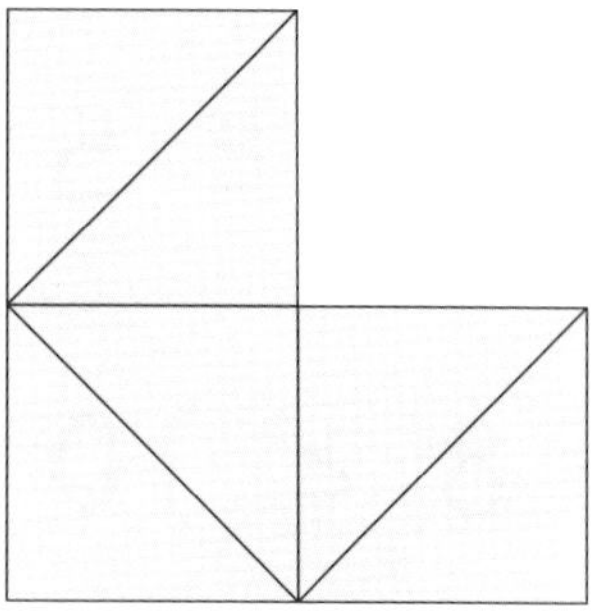

□まい

4 じょうぎで　てんと　てんを　むすんで、上《うえ》の　ずと　おなじ　ところに　おなじ　かたちを　かきましょう。

ひとつ15てん(30てん)

①

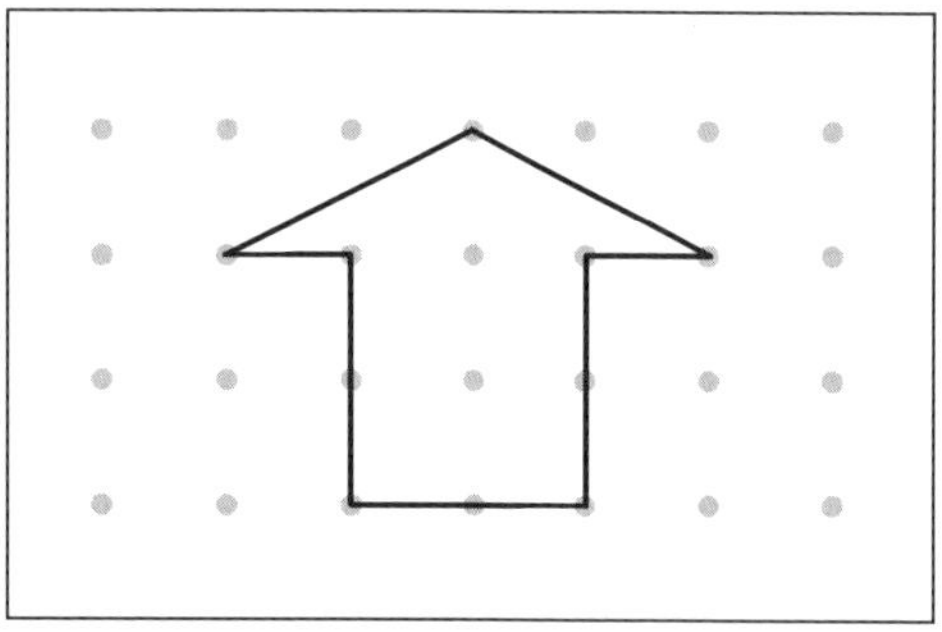

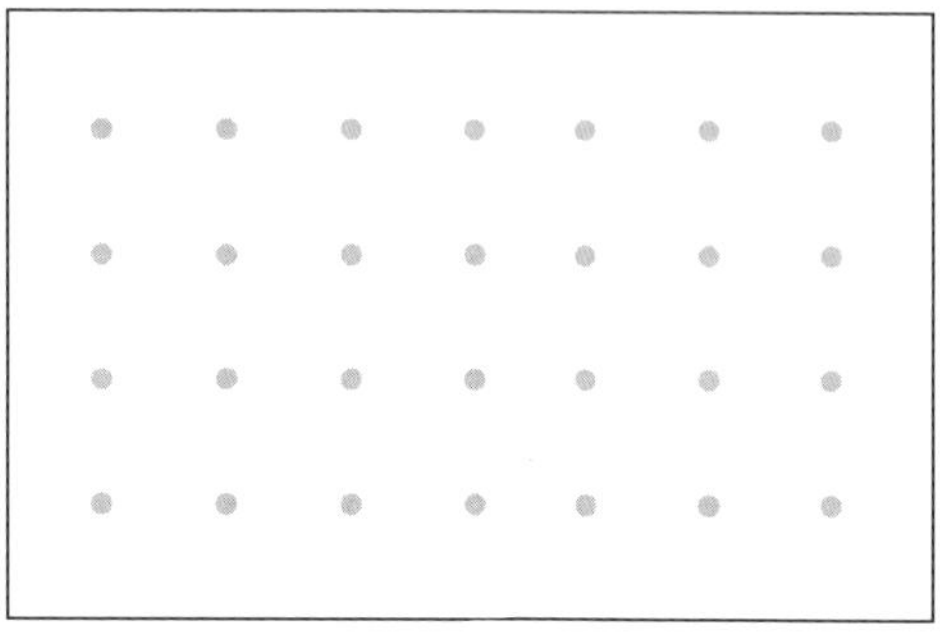

②

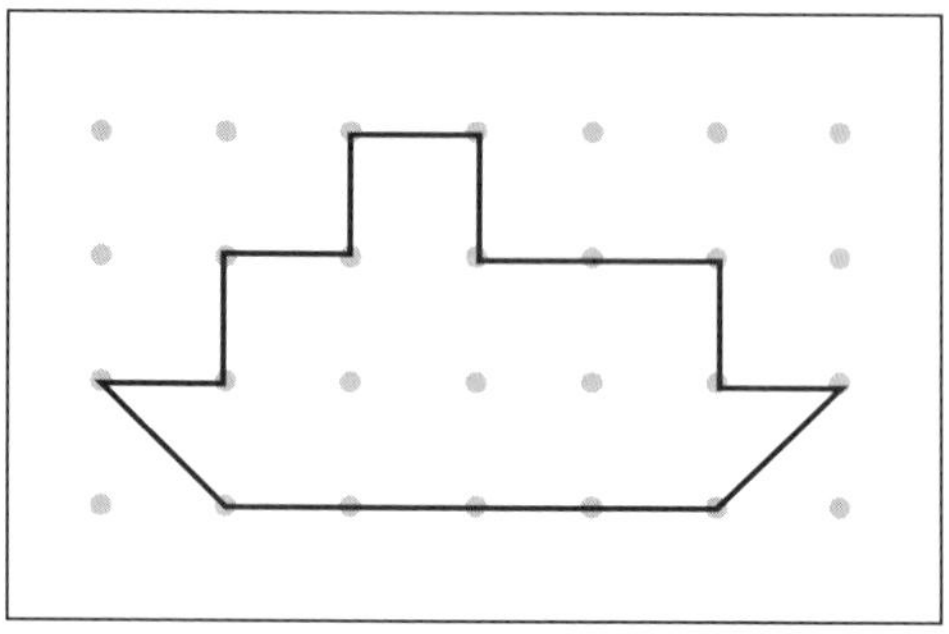

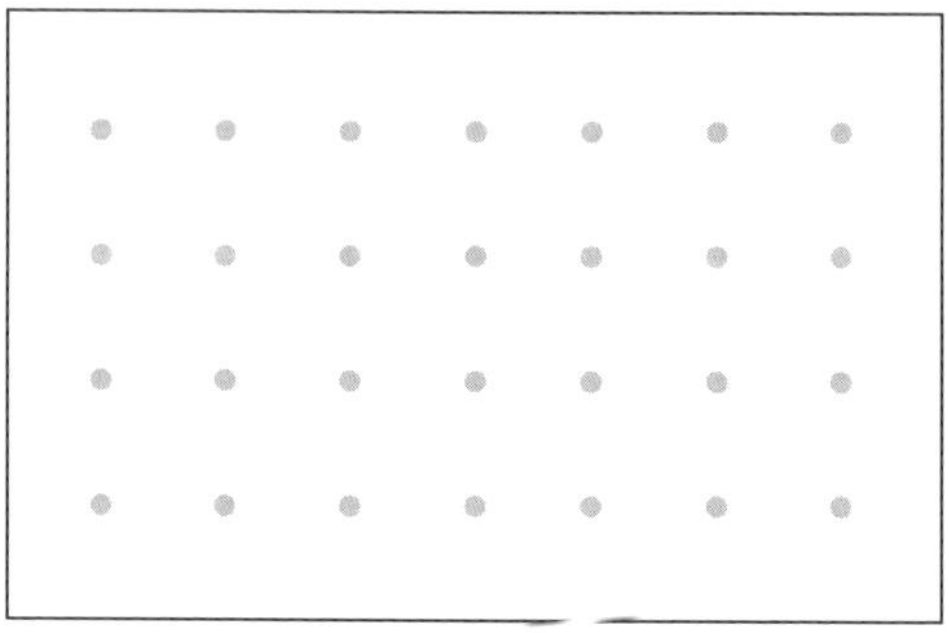

かたち
かたちの　ちがいと　かたちづくり

月《がつ》　日《にち》

てん

1 [　　] の　中《なか》の　かたちと　にている　かたちは　どれですか。
(　　) に　○を　かきましょう。　ひとつ5てん(10てん)

①
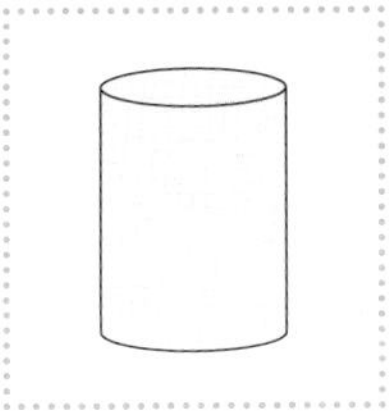
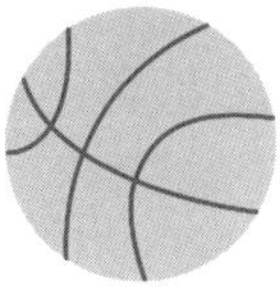 (　　)
 (　　)
 (　　)

②

 (　　)
 (　　)
 (　　)

2 下《した》の [　　] の　中の　かたちは　ⓐとⓘ　どちらの
つみきを　見《み》て　かいた　ものですか。
(　　) に　○を　かきましょう。　ひとつ10てん(30てん)

①
まえから　見《み》た
かたち

上《うえ》から　見《み》た
かたち

ⓐ  (　　)
ⓘ 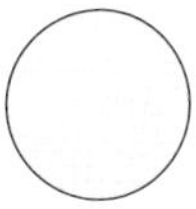 (　　)

②
まえから　見《み》た
かたち

上《うえ》から　見《み》た
かたち

ⓐ 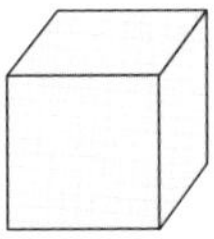 (　　)
ⓘ 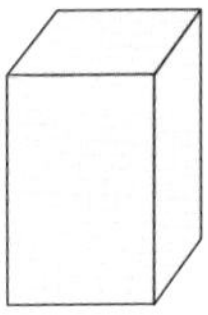 (　　)

③
まえから　見《み》た
かたち

上《うえ》から　見《み》た
かたち
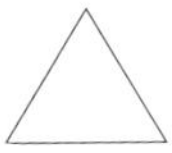

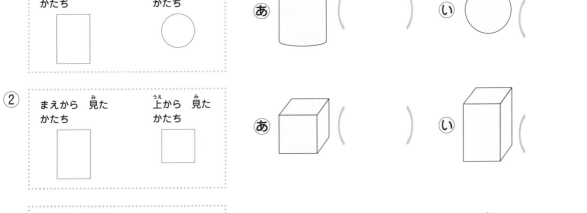

ⓐ 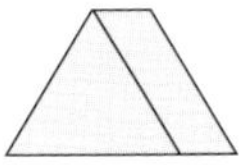 (　　)
ⓘ 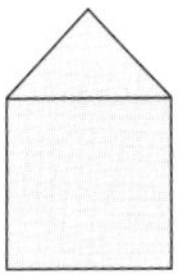 (　　)

③ しろくまと　とかげは　カードを　ならべて　ひろさを　くらべました。

ひとつ10てん(30てん)

① しろくまの　カードは　なんまいぶんの　ひろさですか。　□ まいぶん

② とかげの　カードは　なんまいぶんの　ひろさですか。　□ まいぶん

③ どちらの　カードの　ほうが　なんまいぶん　ひろいですか。

□ の　ほうが　□ まいぶん　ひろい。

④ いろの　ついた　ところの　ひろさが　□ の　中《なか》の　ずと　おなじ　ものを　えらび、□に　きごうを　かきましょう。

ひとつ15てん(30てん)

①

あ
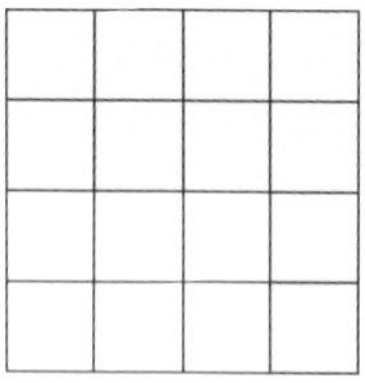

い
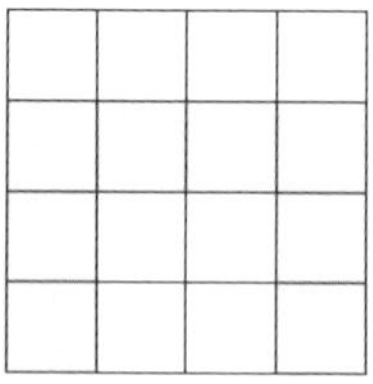

う
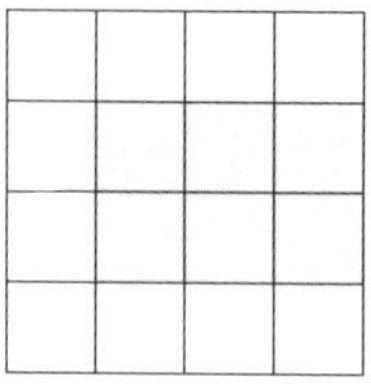

□

②

あ
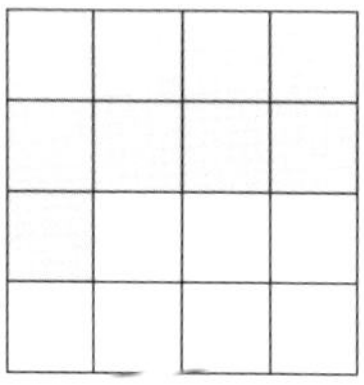

い
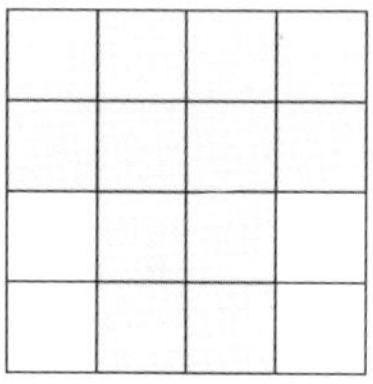

う
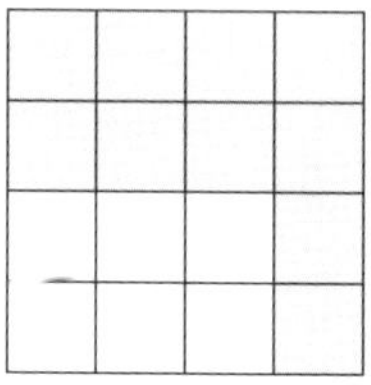

□

さんすう 12

ひろさ
ひろさの　くらべかた

月《がつ》　日《にち》

てん

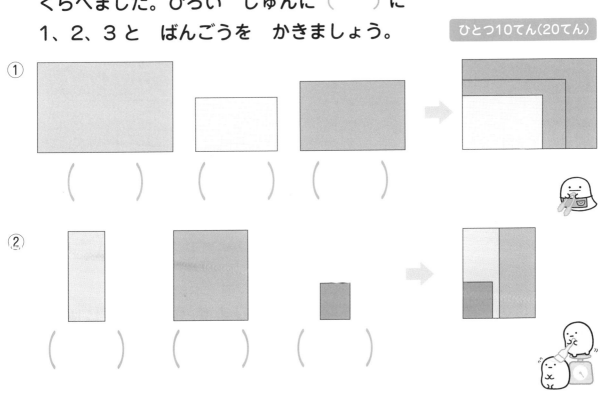

1 ひろさの　ちがう　シートが　3 まい　あります。かさねて　くらべました。ひろい　じゅんに（　　）に　1、2、3 と　ばんごうを　かきましょう。　ひとつ10てん(20てん)

①

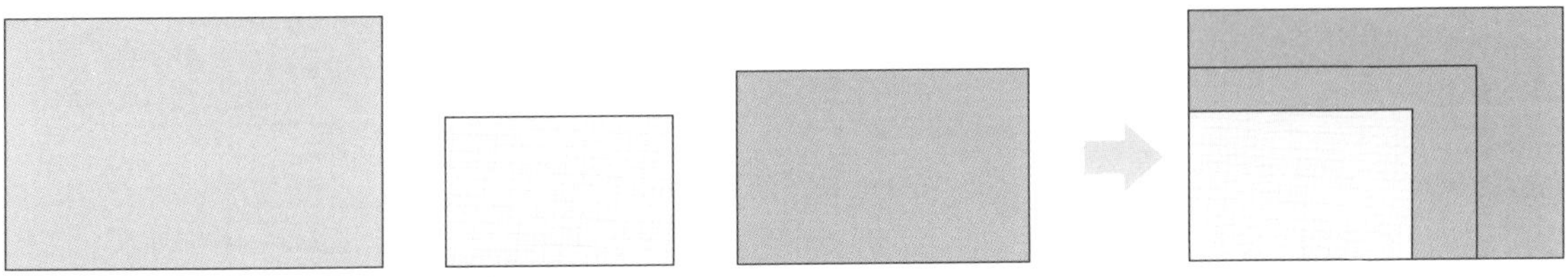

（　　）（　　）（　　）

②

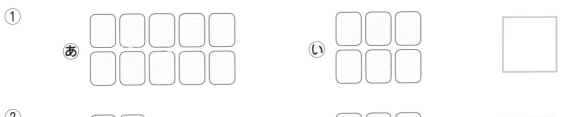

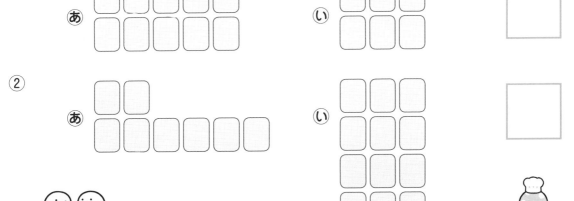

（　　）（　　）（　　）

2 ㋐と　㋑で　カードを　ならべた　ひろさが、ひろいのは　どちらですか。□に　きごうを　かきましょう。　ひとつ10てん(20てん)

①

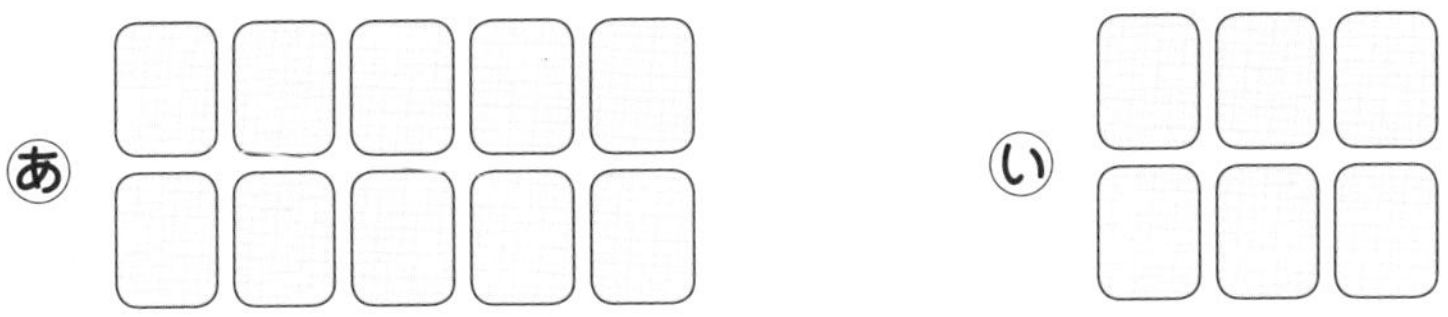

②

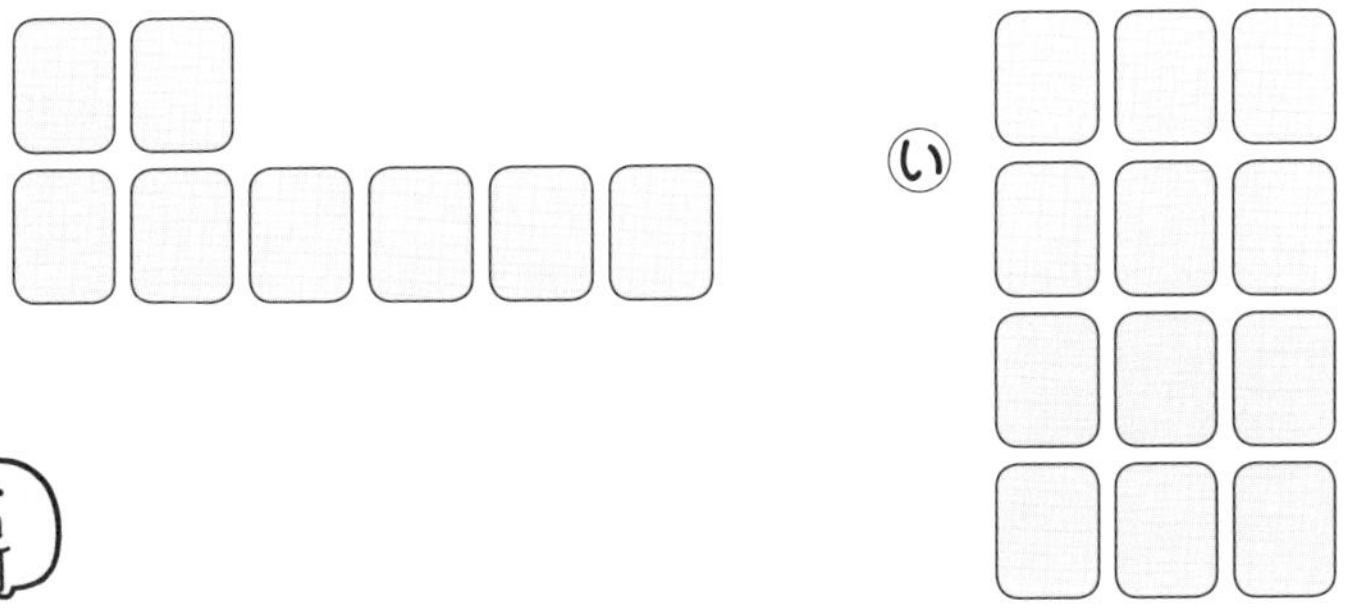

3 水《みず》が　おおく　入《はい》って　いるのは　どちらの　水《すい》とうですか。
□に　あてはまる　すう字《じ》や　きごうを　かきましょう。

ひとつ5てん(20てん)

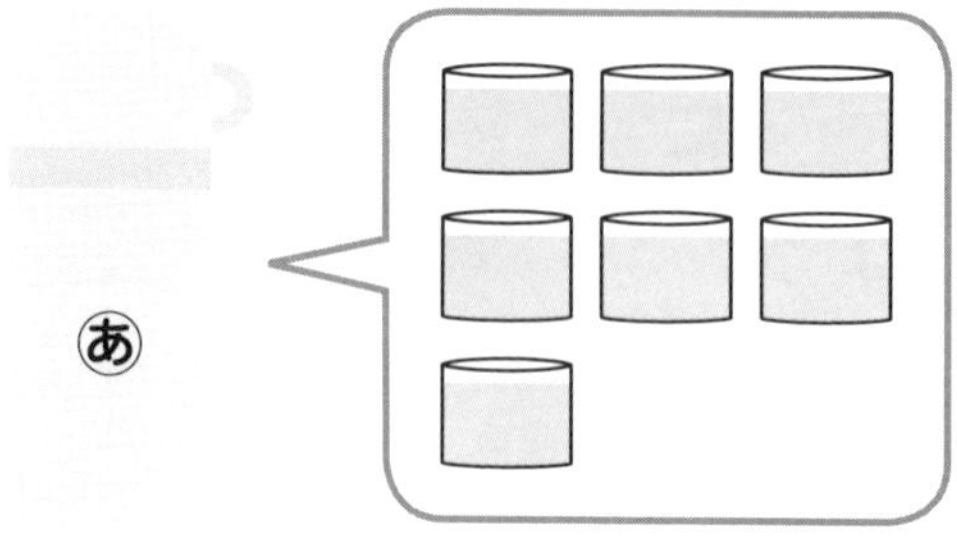

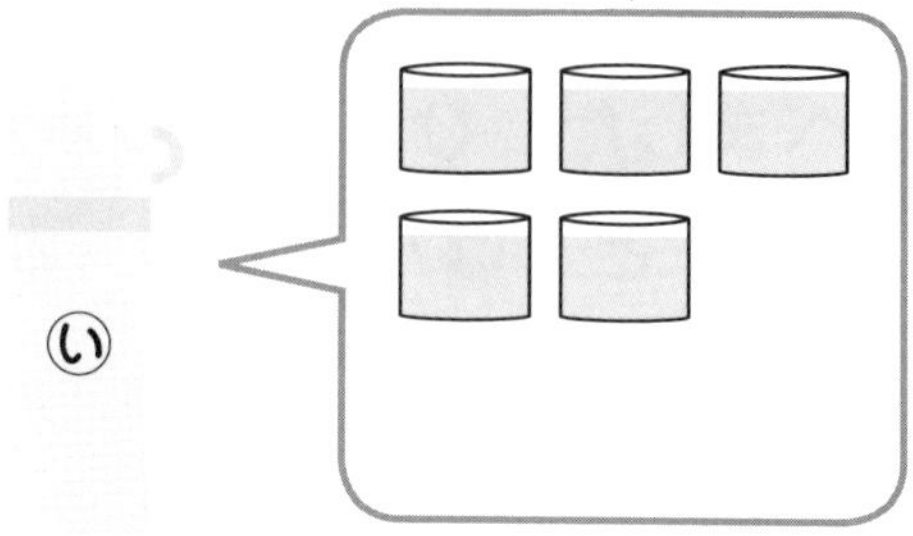

あは　　で　□　はい。　いは　　で　□　はい。

□　の　ほうが　　で　□　はいぶん　おおい。

4 大《おお》きさの　ちがう　はこが　３つ　あります。大《おお》きい　じゅんに
（　　）に　1、2、3と　ばんごうを　かきましょう。

ひとつ10てん(20てん)

①

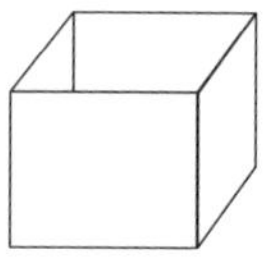　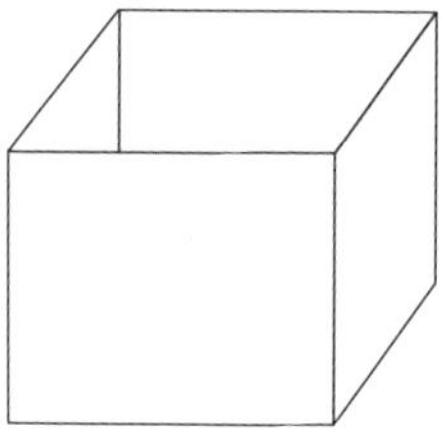　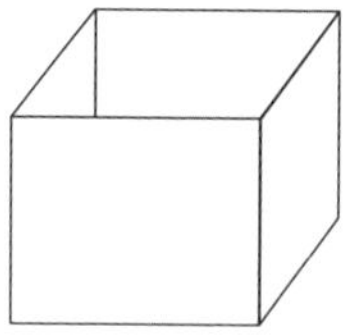

（　　）　（　　）　（　　）

②

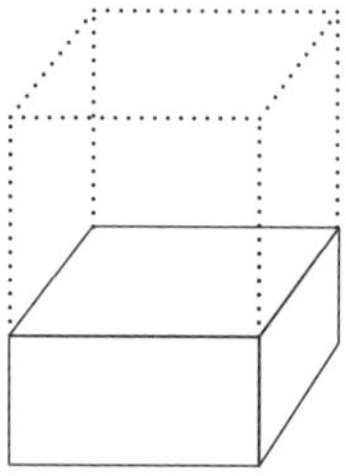　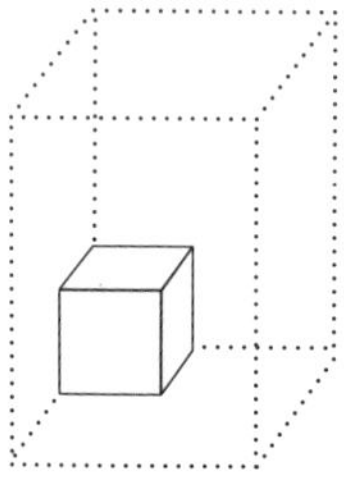　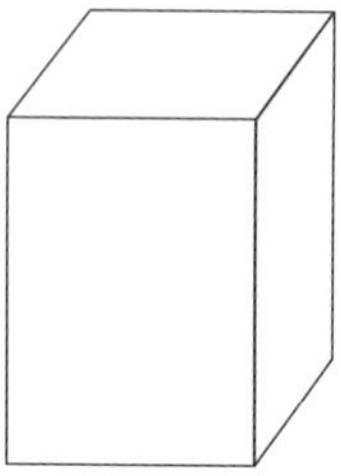

（　　）　（　　）　（　　）

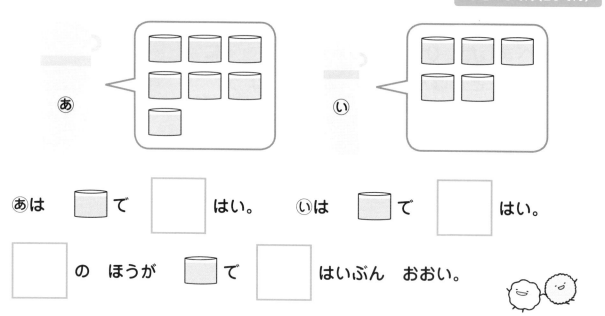

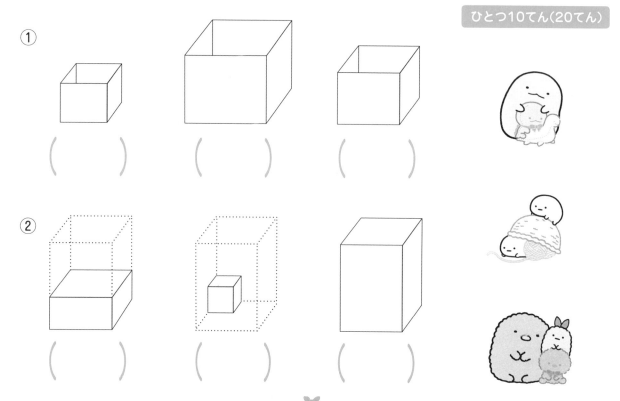

かさ

かさの　くらべかた

月《がつ》　日《にち》

てん

1 水《みず》が　おおく　入《はい》って　いるのは　どちらですか。おおい　ほうの（　　）に　○を　かきましょう。

※①、②の　入《い》れものの　大《おお》きさは　それぞれ　おなじです。

ひとつ7てん(28てん)

①

（　　）（　　）

②

（　　）（　　）

③

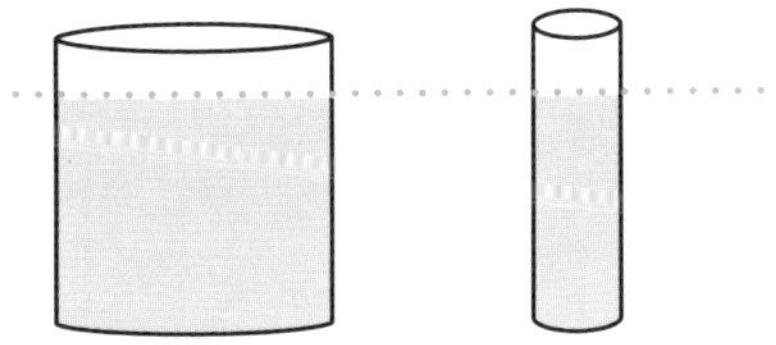

（　　）（　　）

④

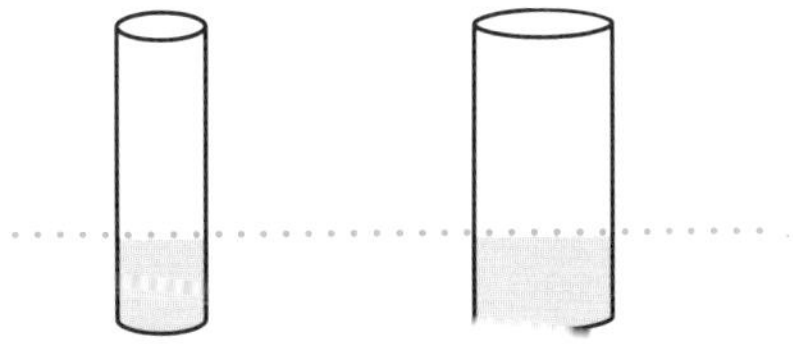

（　　）（　　）

2 水《みず》が　おおく　入《はい》って　いる　じゅんに（　　）に　1、2、3 とばんごうを　かきましょう。

※①、②の　入《い》れものの　大《おお》きさは　それぞれ　おなじです。

ひとつ8てん(32てん)

①

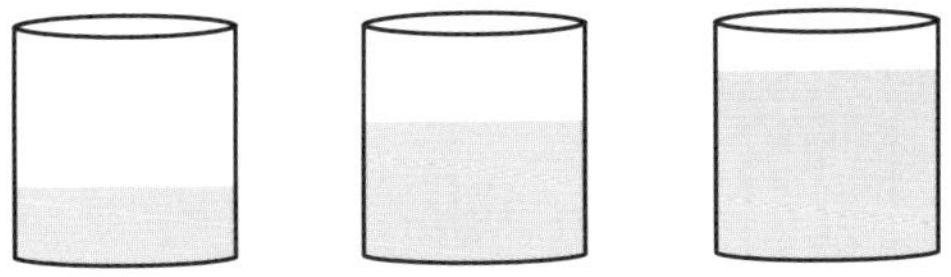

（　　）（　　）（　　）

②

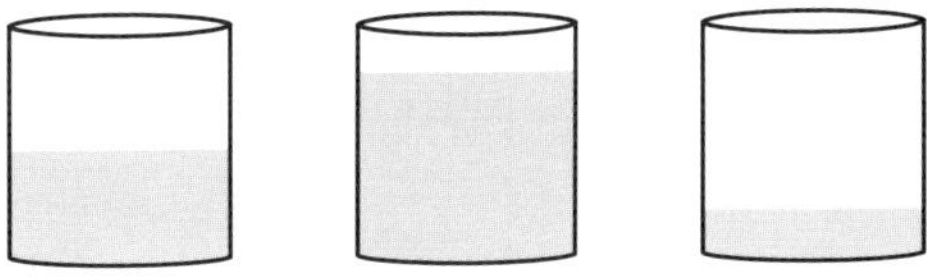

（　　）（　　）（　　）

③

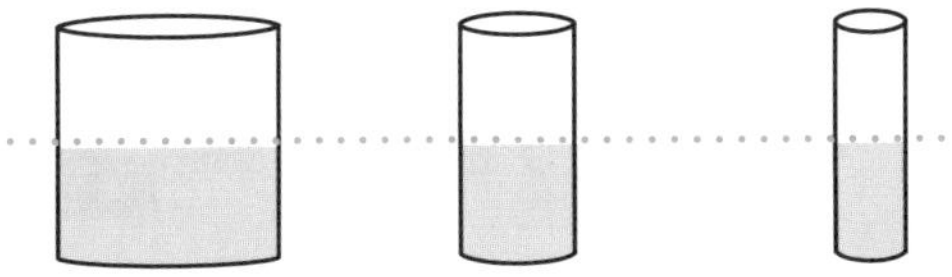

（　　）（　　）（　　）

④

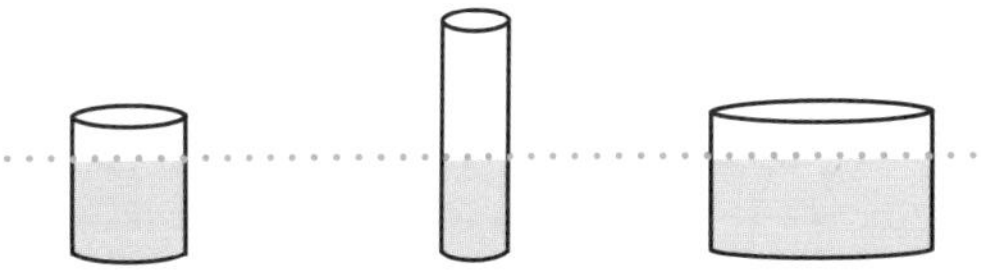

（　　）（　　）（　　）

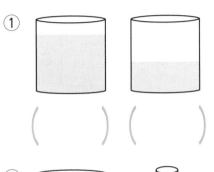

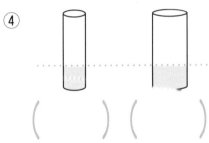

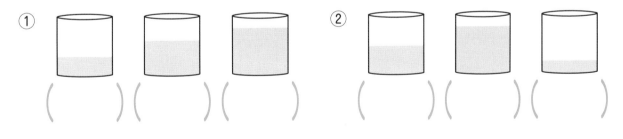

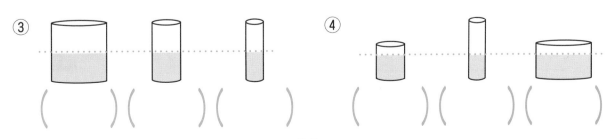

3 かみテープの　ながさは　けしゴム　なんこぶんの　ながさですか。□に　あてはまる　すう字《じ》を　かきましょう。

ひとつ10てん(20てん)

① 

けしゴム □ こぶん

② 

けしゴム □ こぶん

4 ますを　つかって　ながさを　くらべましょう。

ひとつ15てん(30てん)

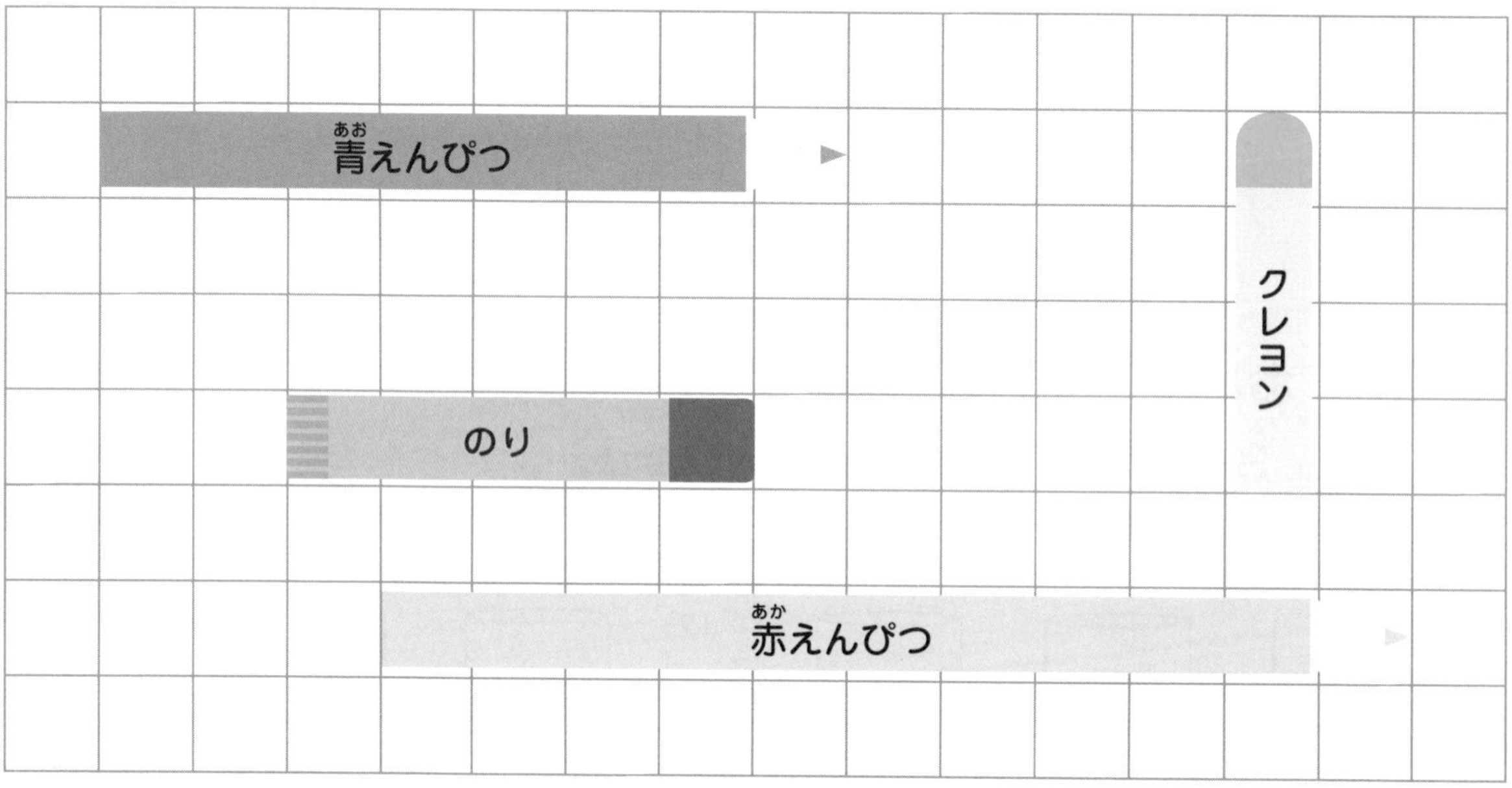

① いちばん　ながいのは　どれですか。

□

② クレヨンと　のりは　どちらが　どれだけ　ながいですか。

□ の　ほうが　ます □ こぶん　ながい。

さんすう 10

ながさ
ながさの　くらべかた

月《がつ》　日《にち》

てん

1 どちらが　ながいでしょう。ながい　ほうの　（　　）に　○をかきましょう

ひとつ10てん(30てん)

②と③の　もんだいは　リボンを　ぴんと　のばして　くらべます。

①

（　　）
（　　）

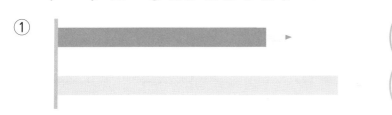

②

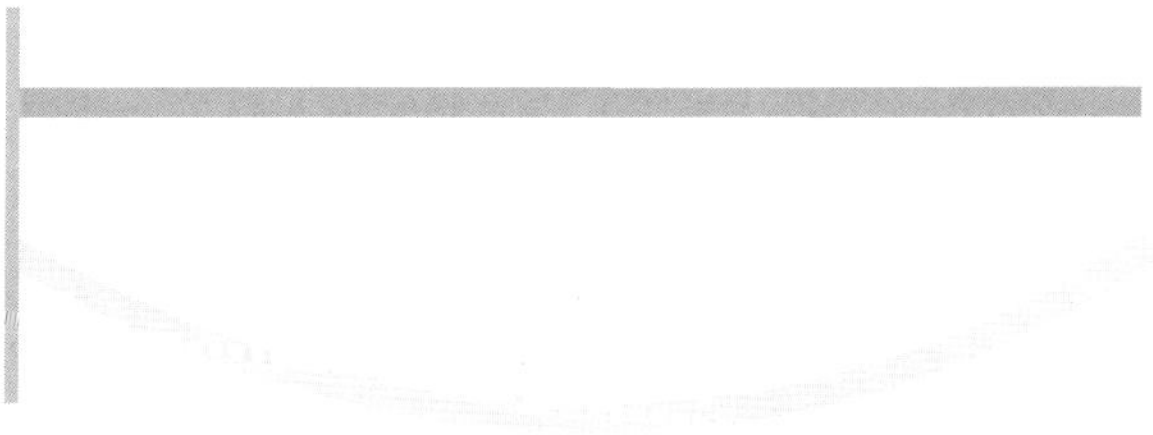

（　　）
（　　）

③

（　　）
（　　）

2 かみテープを　つかって　たてと　よこの　ながさを　くらべました。ながいのは　たてと　よこの　どちらですか。

ひとつ10てん(20てん)

①

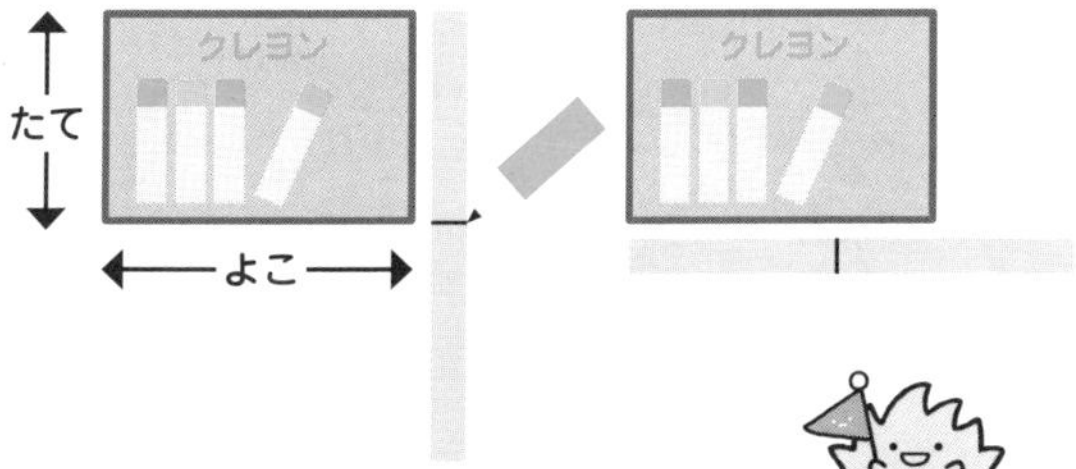

②

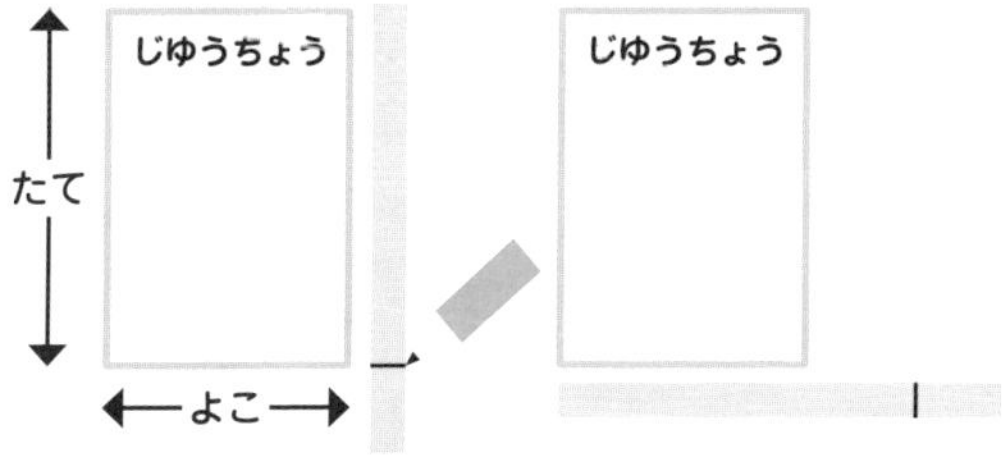

［　　　］の　ほうが　ながい。

［　　　］の　ほうが　ながい。

3 なんじなんぷんですか。

ひとつ5てん(30てん)

①

□じ □ふん

②

□じ □ぷん

③

□じ □ふん

④

□じ □ぷん

⑤

□じ □ふん

⑥

□じ □ふん

4 正《ただ》しい　じかんの　とけいを　とおって　ゴールまで　すすみましょう。

25てん

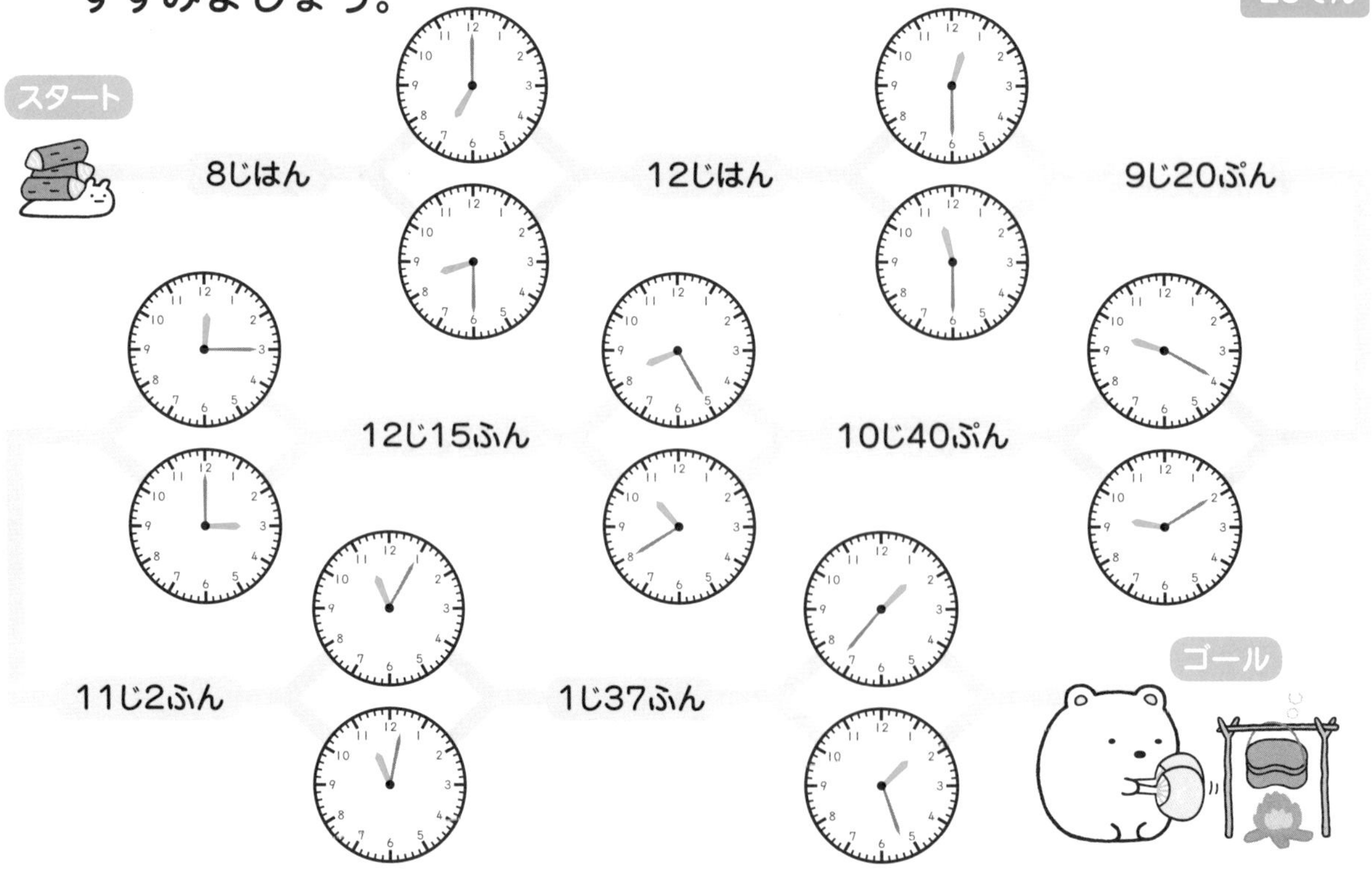

さんすう 9

とけい なんじなんぷん

月《がつ》　日《にち》

てん

1 なんじですか。

ひとつ5てん(15てん)

①

□ じ

②

□ じ

③

□ じ

2 [　　　　] の 中《なか》の じかんに あわせて、ながい はりや みじかい はりを かきましょう。

ひとつ5てん(30てん)

① [9じ]

② [4じ]

③ [3じはん]

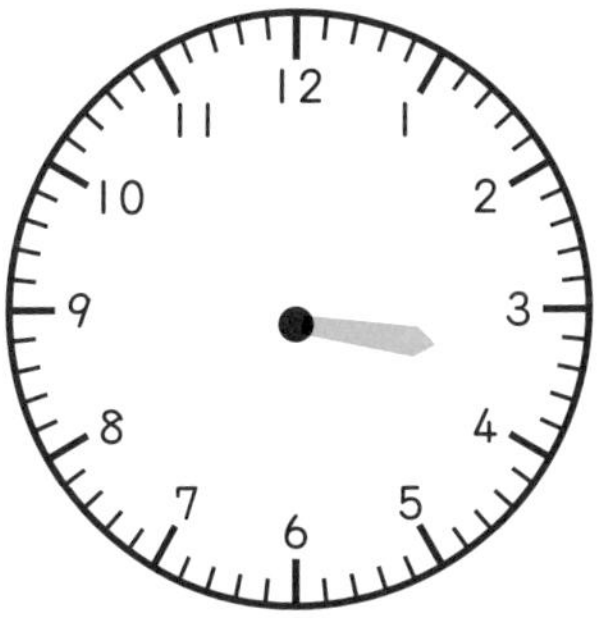

④ [10じ20ぷん]

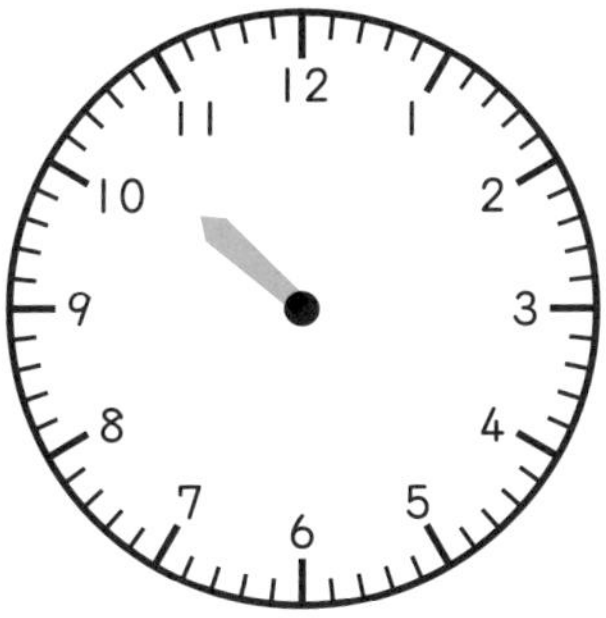

⑤ [4じ30ぷん]

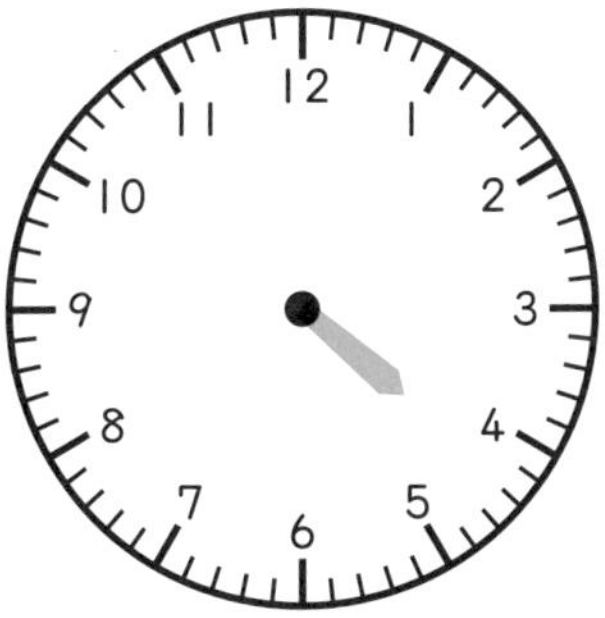

⑥ [1じ50ぷん]

❷ □に　しきと　こたえを　かきましょう。

ひとつ15てん(60てん)

① ミカンが　3こ　あります。そこへ　6こ　もらいました。
ミカンは　ぜんぶで　なんこでしょう。

しき □　　こたえ □ こ

② こうていで　1年生《ねんせい》が　9人《にん》、2年生《ねんせい》が　6人《にん》　あそんでいます。
あそんで　いるのは　ぜんぶで　なん人《にん》でしょう。

しき □　　こたえ □ 人《にん》

③ おりがみが　7まい　あります。
5まい　つかうと　のこりは　なんまいでしょう。

しき □　　こたえ □ まい

④ きょうしつに　16人《にん》います。8人《にん》　かえりました。
のこって　いるのは　なん人《にん》でしょう。

しき □　　こたえ □ 人《にん》

けいさん
ぶんしょうもんだい

月《がつ》　日《にち》

てん

1 えを　見《み》て　□に　しきと　こたえを　かきましょう。　ひとつ10てん(40てん)

① たぴおかが　5ひき　いました。そこへ　4ひき　あそびに　きました。
たぴおかは　ぜんぶで　なんひきでしょう。

しき □　　こたえ □ ひき

② ドーナツが　3こ　あります。そこへ　4こ　もらいました。
ドーナツは　ぜんぶで　なんこでしょう。

しき □　　こたえ □ こ

③ たぴおかが　8ぴき　います。
5ひき　でかけると　のこりは　なんひきでしょう。

しき □　　こたえ □ ひき

④ おかしが　10こ　あります。
4こ　たべると　のこりは　なんこでしょう。

しき □　　こたえ □ こ

② 3つの　かずの　けいさんを　しましょう。

ひとつ4てん(40てん)

① $4+1+2=$ □　　② $3+2+3=$ □

③ $2+4+2=$ □　　④ $3+1+5=$ □

⑤ $1+3+2=$ □　　⑥ $6-1-3=$ □

⑦ $9-4-5=$ □　　⑧ $7-2-2=$ □

⑨ $8-5-1=$ □　　⑩ $5-1-3=$ □

③ 3つの　かずの　けいさんを　しましょう。

ひとつ4てん(40てん)

① $3+1-2=$ □　　② $2+4-6=$ □

③ $6+3-4=$ □　　④ $8+1-7=$ □

⑤ $4+4-3=$ □　　⑥ $6-2+5=$ □

⑦ $7-4+3=$ □　　⑧ $8-6+6=$ □

⑨ $9-6+7=$ □　　⑩ $4-3+2=$ □

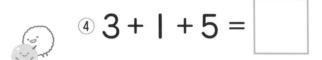

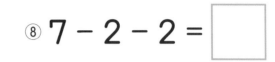

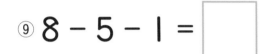

さんすう
7

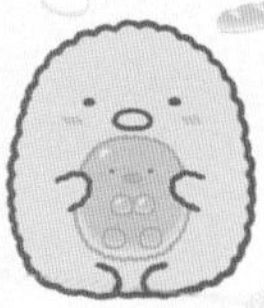

けいさん
3つの　かずの　たしざん　ひきざん

月《がつ》　日《にち》

てん

1 えを　見《み》て　□に　あてはまる　すう字《じ》を　かきましょう。　ひとつ5てん(20てん)

①

4 ＋ 2 ＋ 3 ＝ □

②

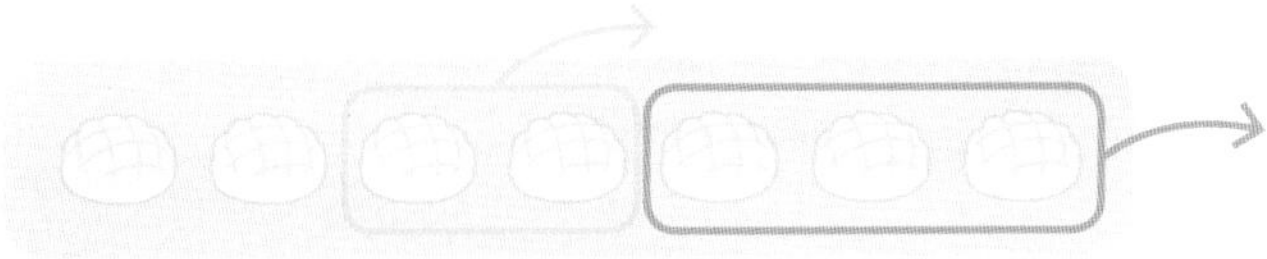

7 － 3 － 2 ＝ □

③

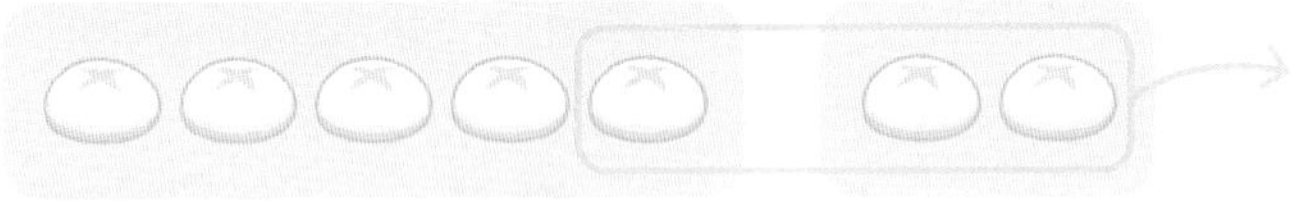

5 ＋ 2 － 3 ＝ □

④

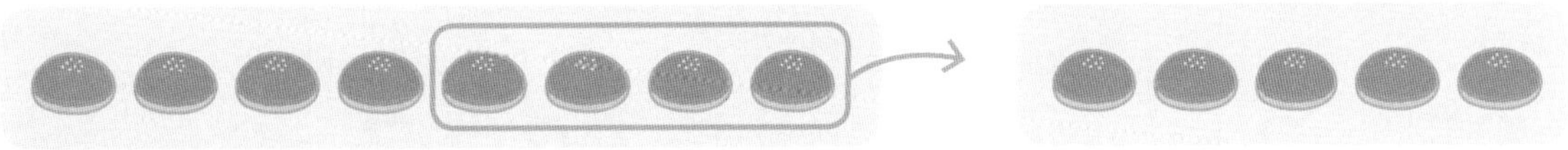

8 － 4 ＋ 5 ＝ □

2 ひきざんを　しましょう。

ひとつ3てん(30てん)

① 6 − 4 = □　② 7 − 5 = □

③ 9 − 3 = □　④ 8 − 8 = □

⑤ 10 − 5 = □　⑥ 15 − 3 = □

⑦ 14 − 6 = □　⑧ 12 − 8 = □

⑨ 18 − 9 = □　⑩ 20 − 3 = □

3 ひきざんを　しましょう。

ひとつ3てん(30てん)

① 20 − 10 = □　② 30 − 30 = □

③ 80 − 20 = □　④ 55 − 5 = □

⑤ 95 − 2 = □　⑥ 89 − 7 = □

⑦ 38 − 6 = □　⑧ 77 − 3 = □

⑨ 53 − 2 = □　⑩ 99 − 4 = □

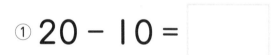

けいさん ひきざん

月《がつ》　日《にち》

てん

1 えを　見《み》て　□に　あてはまる　すう字《じ》を　かきましょう。　ひとつ10てん（40てん）

① おにぎりが　7こ　あります。3こ　たべると　のこりは　なんこでしょう。

しき □ − 3 = □　　こたえ □ こ

② たぴおかが　10ぴき　います。
4ひき　でかけると　のこりは　なんひき　でしょう。

しき □ − 4 = □　　こたえ □ ひき

③ にんじんが15こ　あります。6こ　あげたら　のこりは　なんこでしょう。

しき 15 − □ = □　　こたえ □ こ

④ トマトが　20こ　あります。12こ　あげたら　のこりは　なんこでしょう。

しき 20 − □ = □　　こたえ □ こ

② たしざんを　しましょう。

ひとつ3てん(30てん)

① $2 + 1 =$ □

② $3 + 5 =$ □

③ $6 + 3 =$ □

④ $4 + 2 =$ □

⑤ $5 + 2 =$ □

⑥ $7 + 3 =$ □

⑦ $6 + 6 =$ □

⑧ $8 + 5 =$ □

⑨ $9 + 6 =$ □

⑩ $7 + 8 =$ □

③ たしざんを　しましょう。

ひとつ3てん(30てん)

① $10 + 2 =$ □

② $10 + 9 =$ □

③ $8 + 10 =$ □

④ $11 + 4 =$ □

⑤ $13 + 5 =$ □

⑥ $14 + 2 =$ □

⑦ $12 + 10 =$ □

⑧ $50 + 8 =$ □

⑨ $20 + 60 =$ □

⑩ $85 + 6 =$ □

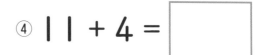

けいさん たしざん

月《がつ》　日《にち》

てん

1 えを　見《み》て　□に　あてはまる　すう字《じ》を　かきましょう。　ひとつ10てん(40てん)

① たぴおかは　ぜんぶで　なんひきでしょう。

しき　3 ＋ □ ＝ □　　こたえ □ ひき

② かいがらは　ぜんぶで　なんこでしょう。

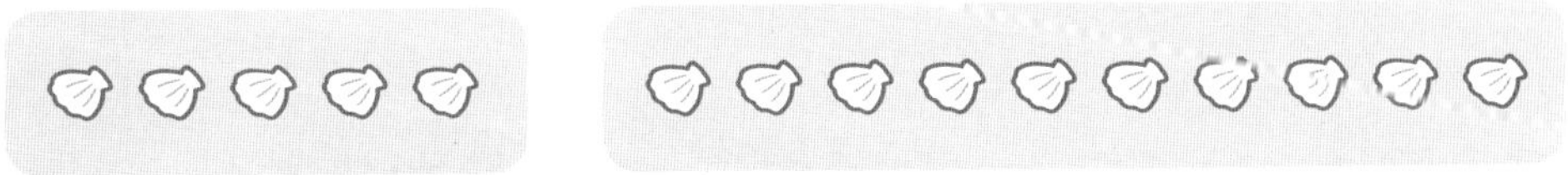

しき　5 ＋ □ ＝ □　　こたえ □ こ

③ さかなは　ぜんぶで　なんひきでしょう。

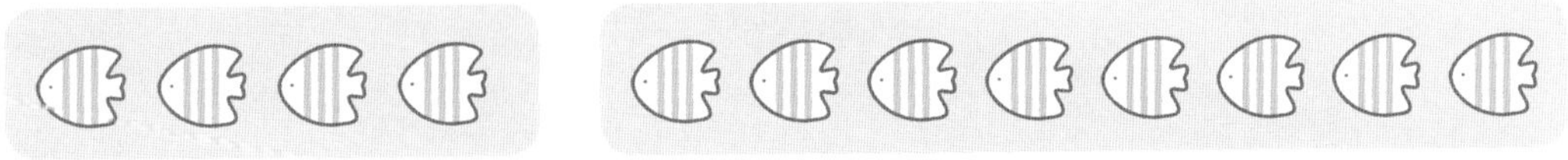

しき　□ ＋ 8 ＝ □　　こたえ □ ひき

④ かいがらは　ぜんぶで　なんこでしょう。

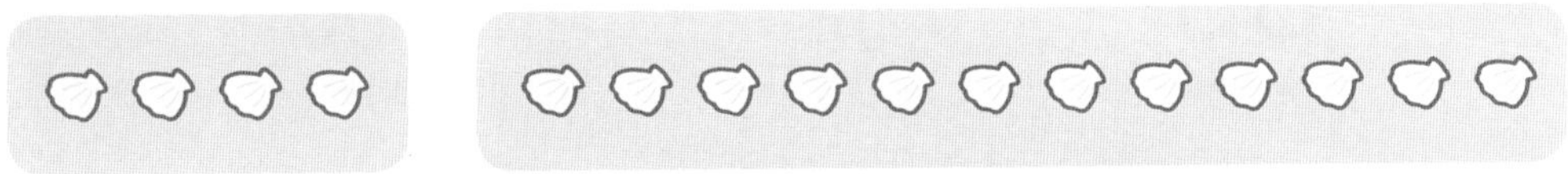

しき　□ ＋ 12 ＝ □　　こたえ □ こ

3 すう字《じ》を　小《ちい》さい　ほうから　じゅんに　ならべて　います。
□に　あてはまる　すう字《じ》を　かきましょう。　ひとつ10てん(30てん)

① 18 － 19 － □ － □ － 22 － □ － 24

② 35 － □ － □ － 38 － □ － □ － 41

③ 94 － □ － □ － 97 － □ － 99 － □

4 □の　すう字《じ》は　いくつと　いくつに　わけられますか。
□に　あてはまる　すう字《じ》を　かきましょう。　ひとつ5てん(20てん)

① 45 → 40 と □

② 55 → 20 と □

③ 83 → 70 と □

④ 100 → 60 と □

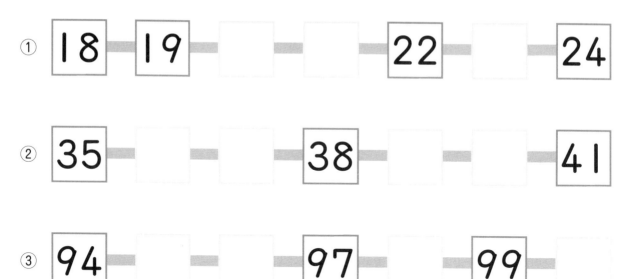

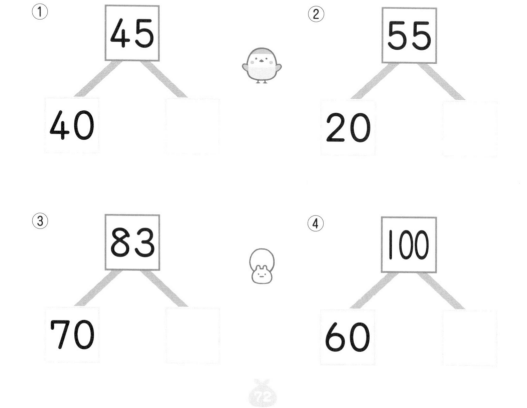

かず

20より　大《おお》きい　かず

1 たぴおかと　ほこりの　かずを　かぞえて　□に
すう字《じ》を　かきましょう。

ひとつ5てん(10てん)

①  □

②  □

2 かずの　せんを　つかって　□に　あてはまる
すう字《じ》を　かきましょう。

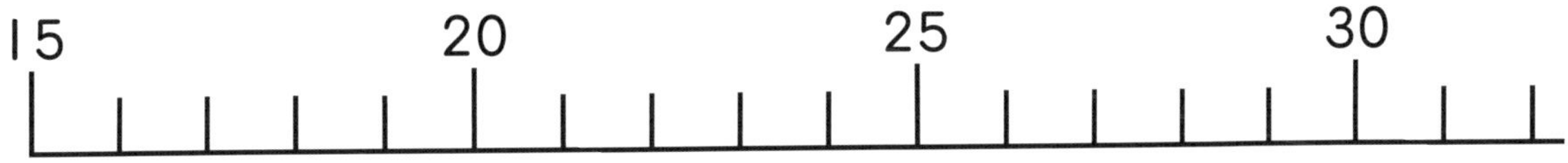

① 20より　3　大《おお》きい　かず。□

② 20より　5　小《ちい》さい　かず。□

③ 25より　5　大《おお》きい　かず。□

④ 30より　2　小《ちい》さい　かず。□

3 2つの　すう字《じ》が　あわせて　10 に　なるように、
★と　▲を　せんで　むすびましょう。　ひとつ10てん(30てん)

①	1 ★	▲ 7	
②	5 ★	▲ 9	
③	3 ★	▲ 5	

4 □の　すう字《じ》は　いくつと　いくつに　わけられますか。
□に　あてはまる　すう字を　かきましょう。　ひとつ5てん(20てん)

① 5 → 2 と □

② 7 → 3 と □

③ 9 → 6 と □

④ 10 → 2 と □

かず

いくつと　いくつ

月《がつ》　日《にち》

てん

1 トマトと　エビフライが　あわせて　9つに　なるように、
★と　▲を　せんで　むすびましょう。　ひとつ10てん(30てん)

①  ★　　▲ 

② 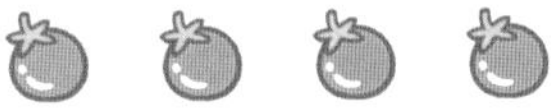 ★　　▲ 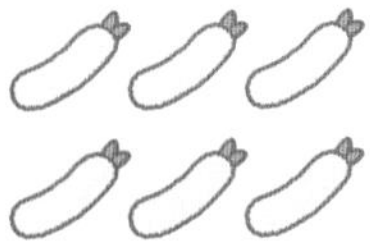

③  ★　　▲ 

2 ぜんぶで　8この　きゅうりが　あります。　ひとつ5てん(20てん)
なんこと　なんこに　わけられますか。
□に　あてはまる　すう字《じ》を　かきましょう。

① 6 こと □ こ　　② 4 こと □ こ

③ □ こと 3 こ　　④ □ こと 1 こ

3 とかげは　左《ひだり》 から　3 ばんめで　上《うえ》 から
2ばんめに　います。

ひとつ15てん(30てん)

① 左《ひだり》 から　5 ばんめで　上《うえ》 から　2 ばんめに　いるのは　だれですか。
○で　かこみましょう。

② 右《みぎ》 から　3 ばんめで　下《した》 から　1 ばんめに　いるのは　だれですか。
△で　かこみましょう。

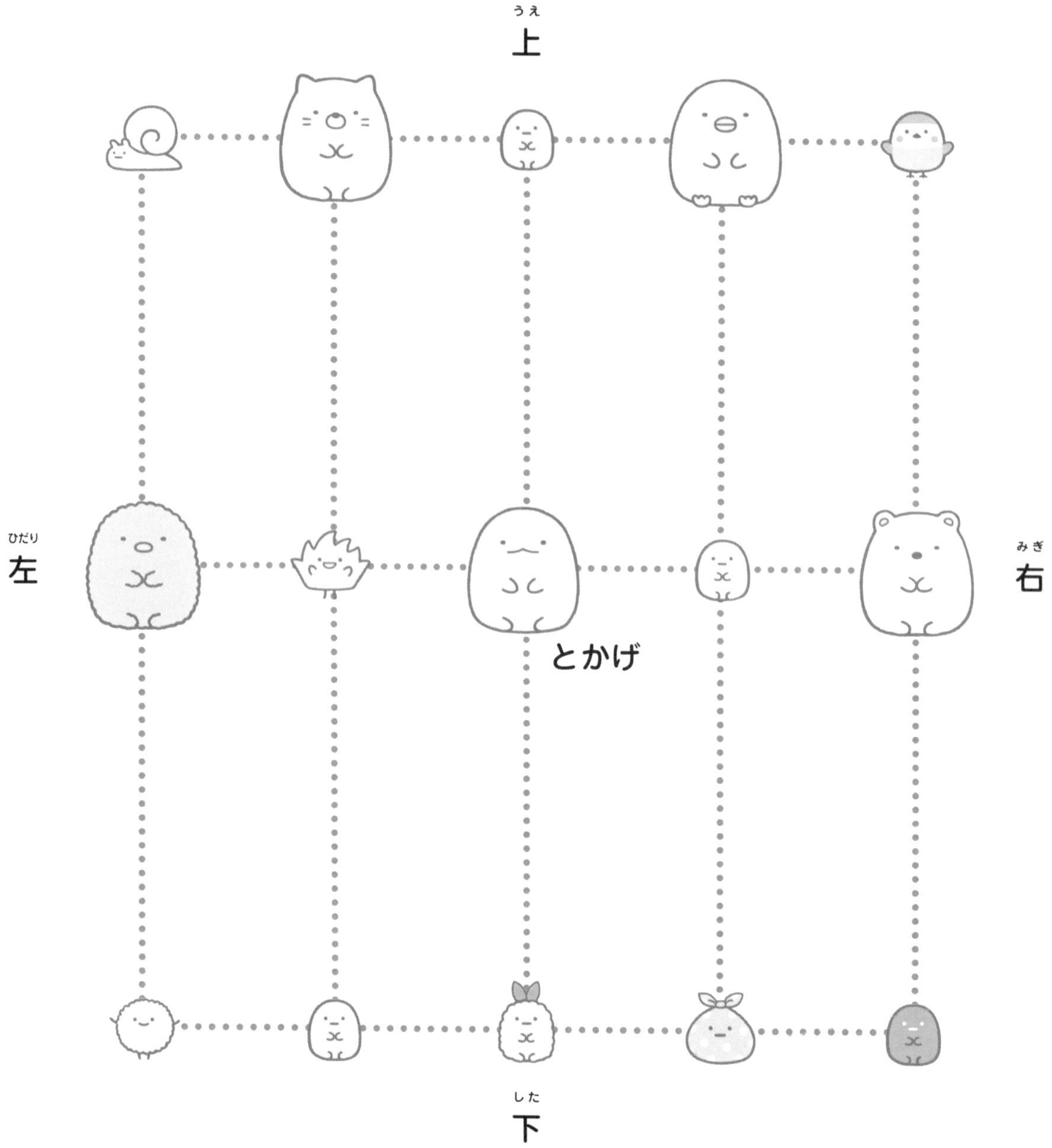

かず

かずの　じゅんばん

月　日

てん

1 下《した》の　えを　見《み》て　こたえましょう。

ひとつ10てん(40てん)

① まえ から　4つを　○で　かこみましょう。

まえ  うしろ

② うしろ から　6つを　○で　かこみましょう。

まえ  うしろ

③ まえ から　5つめを　○で　かこみましょう。

まえ  うしろ

④ うしろ から　8つめを　○で　かこみましょう。

まえ  うしろ

2 それぞれ　なんばんめに　いますか。
□に　すう字《じ》を　かきましょう。

ひとつ10てん(40てん)

①  は　上《うえ》から　□　ばんめ。

②  は　上《うえ》から　□　ばんめ。

③  は　下《した》から　□　ばんめ。

4 どちらが　おおいですか。おおい　ほうの　□に　○を　かきましょう。

ひとつ10てん(20てん)

①

 □　 □

②

 □　 □

5 すう字《じ》を　小《ちい》さい　ほうから　じゅんに　ならべて　います。□に　あてはまる　すう字《じ》を　かきましょう。

ひとつ8てん(16てん)

① 1　□　3　□　□　6　□

② 14　□　□　17　□　19　□

6 □に　あてはまる　すう字《じ》を　かきましょう。

ひとつ8てん(24てん)

①

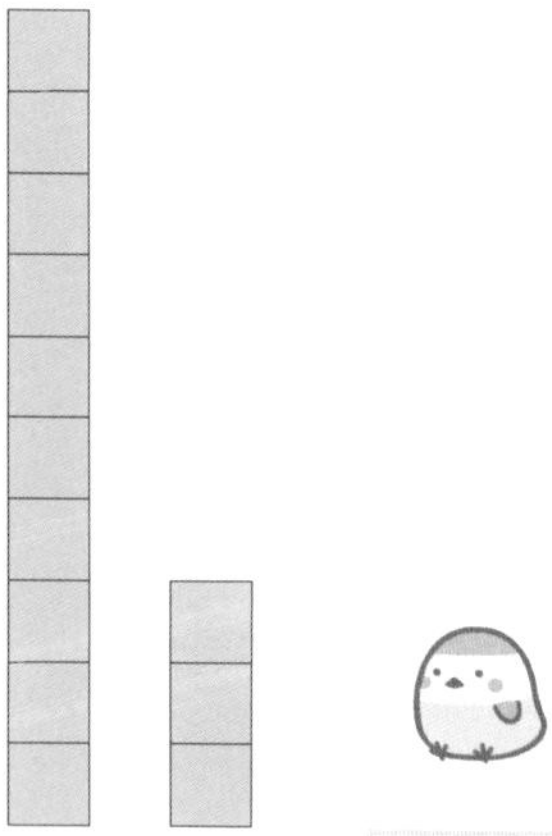

10 と 3で □

②

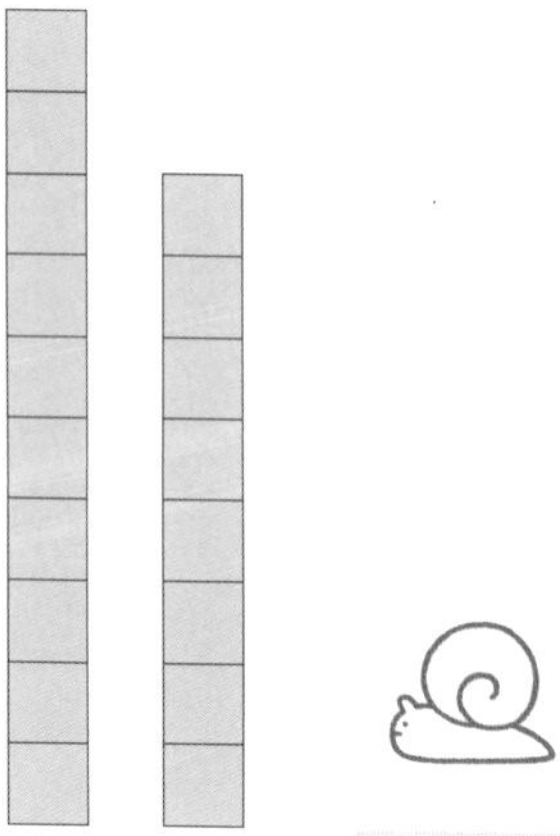

10 と 8で □

③

10 と 10で □

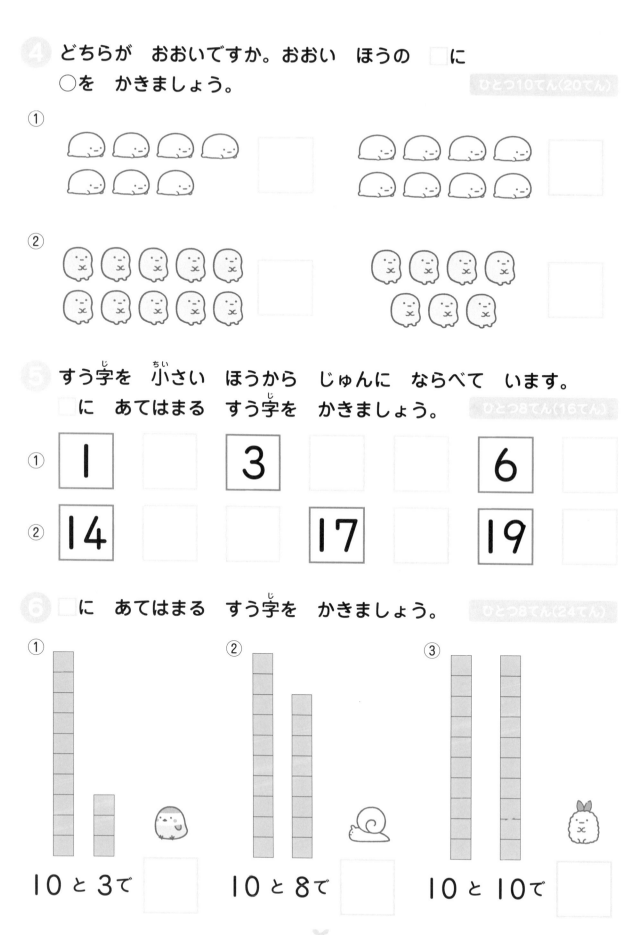

かず
10までの　かず、10より　大《おお》きいかず

月　日

てん

1 と の　かずだけ　○に　いろを　ぬりましょう。かずの　おおい　ほうの　□に　○を　かきましょう。

ひとつ10てん(20てん)

①

②

2 が　いくつ　あるのかを　かぞえて、□に　すう字《じ》を　かきましょう。

ひとつ5てん(10てん)

①

②

3 が　いくつ　あるのかを　かぞえて、□に　すう字《じ》を　かきましょう。

ひとつ5てん(10てん)

①

②

すみっコぐらし小学1年の こくご さんすう 総復習ドリル

さんすう もくじ

すみっコぐらし小学1年の こくご さんすう 総復習ドリル

監　修　卯月啓子
編集人　青木英衣子
発行人　倉次辰男
発行所　株式会社 主婦と生活社
〒104-8357 東京都中央区京橋3－5－7
https://www.shufu.co.jp/
編集部　☎03-3563-5211
販売部　☎03-3563-5121
生産部　☎03-3563-5125
印刷・製本　大日本印刷株式会社
製版所　株式会社 二葉企画

ISBN978-4-391-15482-5

装丁●bright right
本文説明イラスト●大塚さやか
編集協力●株式会社 日本レキシコ
本文デザイン●ニシ工芸株式会社（小林友利香・西山克之）
監修●サンエックス株式会社（濱田美奈恵・坂本悠）

株式会社主婦と生活社
編集●藤井亜希子・佐々郁了